Ab heute heißt du Dieter!

Ab heute heißt du Dieter!

Graumann im Gespräch

Herausgegeben von
Werner D'Inka und Peter Lückemeier

Für Ellen Walliser
in herzlicher Verbundenheit.
Ihr 8.10.14

Kösel

MIX
Papier aus verantwortungsvollen Quellen
FSC® C014496

Verlagsgruppe Random House FSC® N001967
Das für dieses Buch verwendete FSC®-zertifizierte Papier *Munken Premium Cream* liefert Arctic Paper Munkedals AB, Schweden.

Umschlag: Weiss | Werkstatt | München
Abbildungen Inhalt aus Privatbesitz
Druck und Bindung: GGP Media GmbH, Pößneck
Printed in Germany
ISBN 978-3-466-37107-5

www.koesel.de

Inhalt

1 »Nie habe ich mit meinen Eltern gestritten«

Kindheit, Schatten der Vergangenheit, Internat

Wo wurden Sie geboren?

In Israel, in Ramat Gan, einer Stadt in der Nähe von Tel Aviv.

Was machten damals, im Jahr 1950, Ihre Eltern in Israel?

Sie hatten sich ja in Frankfurt-Zeilsheim im Lager für Displaced Persons kennengelernt. Sie wollten aber nicht in Deutschland bleiben – »in verbrannter Erde«, wie sie das zu jener Zeit genannt haben – und entschlossen sich, nach Israel auszuwandern. Als sie auf dem Schiff waren, war meine Mutter schon mit mir schwanger. Mein Vater hat dann versucht, in Israel Fuß zu fassen, hat mit Freunden eine Wäscherei eröffnet, aber das Klima machte ihm doch sehr zu schaffen. 1950 gab es ja noch kaum Klimaanlagen in Israel, Autos waren auch Mangelware. Mein Vater fuhr jeden Tag mit dem Fahrrad in glühender Hitze von Ramat Gan nach Tel Aviv und wieder zurück. Die Lebensmittel waren rationiert, sodass auch eine vernünftige Ernährung schwer möglich war. Es war insgesamt ein sehr hartes Leben, und als ein Arzt zu meinem Vater, der nach seiner harten KZ-Zeit gesundheitlich noch sehr lange schwer angeschlagen war, auch noch sagte: »Wenn du hierbleibst, wirst du bestimmt nicht alt werden«, da haben sich meine Eltern entschlossen, Israel wieder zu verlassen.

Wie lange dauerte der Aufenthalt dort insgesamt?

Ich schätze, ungefähr 18 Monate lang.

Was ist Ihre erste Erinnerung?

Im jüdischen Kindergarten in Frankfurt am Main wird mein Geburtstagslied gesungen, und ich flüchte auf den Schoß der Erzieherin, weil es mir so schrecklich unangenehm ist, im Mittelpunkt zu stehen. So ähnlich wie heute übrigens häufig auch – nur weiß ich dann oft gar nicht, wohin ich flüchten soll.

Wenn Sie Ihren Vater mit vielleicht drei Eigenschaften beschreiben sollten, welche wären das?

Mein Vater, der 2012 im Alter von fast 91 Jahren gestorben ist, war außergewöhnlich klug, er war bestimmt der klügste Mensch, den ich jemals erlebt habe. Er war das emotionale Kraftzentrum unserer Familie, und er trug in sich eine bedingungslose Liebe ohne Grenzen.

War er streng?

Nein, gar nicht, er war sehr liebevoll. Er zeigte eine Liebe, die ganz wenig forderte und immer nur geben wollte. Das war gegenüber mir so, gegenüber meiner Frau und ganz besonders gegenüber seinen beiden Enkeln, also meinem Sohn und meiner Tochter.

Was für eine Ausbildung hatte er?

Dieser ungewöhnliche kluge Mann hatte überhaupt keine Ausbildung, er war ja als junger Mann ins Konzentrationslager gekommen.

Wie alt war er da?

Etwa achtzehn. Er hat, wie so viele, hinterher gesagt: »Meine Universität war das KZ.« Er war in sechs verschiedenen KZs und hat da ganz schlimme Dinge erlebt, zum Beispiel musste er in Ostrussland Gleise bei minus 25 Grad mit bloßen Händen verlegen, dabei musste er in unbeheizten Viehwaggons übernachten, bekam kaum etwas zu essen und war dabei auch noch ständig dem brutalen Sadismus der KZ-Wächter ausgeliefert. Der grausame, zynische Nazi-Plan »Vernichtung durch Arbeit« war schließlich nicht nur so einfach dahingesagt: Er wirkte. Mein Vater hat immer erzählt, wie seine Kameraden reihenweise um ihn herum gestorben sind. Als er mit 23 Jahren befreit worden war, das war im KZ Buchenwald nach einem langen und schauderhaften Todesmarsch aus dem Osten, hat er von Sicherheit, von Familie, von Aufstieg oder Karriere nicht einmal träumen können. Umso mehr bewunderte ich immer, dass es ihm dann gelang, eine Familie zu gründen, eine Existenz aufzubauen, wirtschaftlich erfolgreich zu werden. Man muss sich vor Augen halten: Er hat ja schließlich nicht nur mit nichts angefangen, sondern mit sogar einem ganz dicken Minus in Sachen Ausbildung und Startkapital und vor allem emotionaler Ausstattung. Alle Chancen auf ein gutes Leben schienen durch die Nazis doch barbarisch genommen zu sein. Umso bewundernswerter ist die Stärke, die er dann aufbrachte, es dennoch zu probieren.

*Was immer ich Positives an mir entdecke,
das habe ich von meinem Vater gelernt
oder übernommen.*

Und es zeigt auch, dass die Faschisten einem alles wegnehmen konnten, bis auf den Lebenswillen. Das ist für mich im Grunde immer wieder der Triumph des Guten über das Böse.

Bei welchen Gelegenheiten hat er vom Leben im KZ erzählt?

Meine beiden Eltern erzählten viel aus dieser Zeit. Anders als meine Mutter, bei der diese Zeit bis heute mit sehr, sehr starken Emotionen verbunden ist, hat mein Vater oft sogar relativ sachlich über die Konzentrationslager und seine Erlebnisse dort gesprochen. Meist berichtete er nur darüber, wenn er gefragt wurde. Lediglich in den letzten beiden Lebensjahren erzählte er viel von sich aus darüber. Als ich klein war, hat er zumeist recht ruhig geantwortet, wenn ich ihn danach befragte. Und er tat das eigentlich niemals mit Selbstmitleid oder Larmoyanz. Er betrachtete das Leben immer als große Herausforderung. Ich glaube gar nicht, dass er dieses Wort jemals verwendet hat, aber er hat es einfach immer so gesehen: Das Leben war eine Herausforderung, die einfach gemeistert werden wollte. Er hat das geschafft, weil er sehr fleißig, willensstark und ein wirklich ganz herausragender Kopf war. Er hatte einen glasklaren, analytischen Verstand. Ich denke immer: Was immer ich Positives an mir entdecke, das alles habe ich von meinem Vater gelernt oder übernommen.

In welchem Alter begannen Sie, Ihren Vater und Ihre Mutter nach der Vergangenheit zu befragen?

Sehr früh. Meine Mutter konfrontierte mich schon als kleinen Jungen mit ihren Erinnerungen, mit ihren Traumata. Da war es zwangsläufig so, dass ich meinen Vater fragte: »Und wie war das bei dir?«

Vater, Mutter, Kind: Familie Graumann in Ramat Gan 1951.

Gab es bei Ihren Eltern Angewohnheiten, die etwas mit der Lagervergangenheit zu tun hatten? Dass etwa immer die Tür verschlossen wurde, wenn ein Familienmitglied die Wohnung verlassen hatte?

Das eigentlich nicht, aber mein Vater aß zum Beispiel immer viel, viel zu schnell. Das hatte er sich im KZ angewöhnt. Wenn man dort einmal, was sehr selten geschah, etwas zu essen bekam, dann musste man sich beeilen, ehe es einem weggenommen wurde.

Von den KZ-Wächtern?

Ja. Da herrschte ein strenges, ein beinhartes Regiment.

Aus Sadismus?

Aus reinem Sadismus. Der Umgang mit den Häftlingen hatte sehr viel mehr mit Sadismus zu tun, als man heute denkt. In Menschen steckt offenbar eine brutale Lust, die Macht, die sie haben, auch auszuleben. Die Menschen, die einem ausgeliefert sind, einfach nur zu quälen.

Carl Zuckmayer berichtet in seinen Memoiren über ein Gespräch mit Peter Suhrkamp, der ja eine kurze Zeit im Konzentrationslager Sachsenhausen verbracht hatte. Suhrkamp bat Zuckmayer, die Schilderung der dort begangenen Grausamkeiten nie zu verbreiten, da sie andere Menschen zur Nachahmung reizen könnte.

Ich versuche, das nachzuempfinden. Aber ich kann es mir nicht zu eigen machen, weil das ja hieße, man dürfe über schlimme Dinge nicht öffentlich sprechen. Ich denke vielmehr, dass es wichtig ist, auch späteren Generationen, die mit dem Leid der Juden nichts zu tun hatten, zu erklären, was damals geschah. Gerade um jegliches Anzeichen solch brutalen Hasses früh zu erkennen und gleich zu bekämpfen. Sonst wären ja auch alle Bücher über die Massenvernichtung und die Konzentrationslager vergeblich.

Welche dieser Bücher haben Sie besonders beeindruckt?

Ich nenne Primo Levi und Elie Wiesel. Aber ich füge auch

hinzu: Wann immer ich über den Holocaust lese oder auch Filme sehe, denke ich, es war in Wirklichkeit noch viel schlimmer. Weil ich Geschichten kenne von Überlebenden, die noch so viel furchtbarer sind als alles, was in Filmen und Büchern gezeigt oder beschrieben wird.

Hatten Sie den Eindruck, dass Ihre Eltern untereinander über Erlebnisse sprachen, die sie Ihnen vorenthielten, um Sie zu schonen?

Nein, niemals. Ich hatte im Gegenteil immer den Eindruck, dass meine Mutter mir alles recht ungefiltert erzählt hat. Sie hatte das Bedürfnis, mir mitzuteilen, was sie so sehr beschäftigte.

Was psychisch ja eigentlich sehr gesund war.

Für sie wohl schon: Es ist sicherlich gesund, es nicht zu unterdrücken. Ob es für mich als Kind aber so schrecklich gesund war, das weiß ich nicht. Aber ich kannte es doch gar nicht anders. In dem Lager für Displaced Persons in Frankfurt-Zeilsheim, das erst im November 1948 aufgelöst wurde, herrschte ja ein besonderer Spirit. Dort haben sich meine Eltern ja damals auch kennengelernt und beschlossen, gemeinsam eine neue Zukunft zu begründen. Sie waren dann über 63 Jahre lang verheiratet – es war eine sehr glückliche Ehe, in der niemals ein böses Wort fiel. In Zeilsheim kamen zu jener Zeit 3500 Menschen zusammen, die alle in den Konzentrationslagern gelitten hatten, hinter denen mehr oder weniger das gleiche Schicksal lag, und diese Menschen stammten alle ursprünglich aus Polen oder anderen osteuropäischen Ländern. Sie hatten ähnliche Erfahrungen gemacht und konnten gar nicht anders, als sich darüber auszutauschen. Ich bin mit den Geschichten aus den Lagern groß geworden wie andere Kinder mit Grimms Märchen. Sonntags kamen die Freunde meiner Eltern aus der Zeilsheimer Zeit in unserer kleinen Zweizimmerwohnung im Westend zu Besuch – und worüber redeten sie?

Natürlich fast nur über ihre Zeit in den KZs. Und ich hörte immer sehr aufmerksam zu.

Von wo aus war Ihre Mutter nach Zeilsheim gekommen?
Sie wurde von der Roten Armee in der Tschechei aus dem KZ befreit und hörte dann – wie man das damals erfahren hat, das weiß ich bis heute nicht –, dass eine ihrer Schwestern überlebt hatte und in Zeilsheim war. Sie hat mir später oft erzählt, was für eine dramatische, herzzerreißende Situation es dann war, als sich die beiden zum ersten Mal wiedersahen, sich in die Arme fielen und stundenlang einfach festhielten und zusammen nur noch weinten. Sie waren doch die beiden Einzigen, die aus einer Familie von 40 Angehörigen übrig geblieben waren. Wo sollten sie nun hin? Zu wem? Und vor allem: wozu? So ähnlich ging es doch mehr oder weniger allen Menschen dort in Zeilsheim. Es hat mich immer fasziniert, dass diese traumatisierten Menschen überhaupt in der Lage waren weiterzumachen, wieder etwas Neues aufzubauen. Denn zwischen dem KZ und dem Neuanfang lag ja kein Jahrzehnt, sondern das ging quasi sofort ineinander über. Im Zeilsheimer Lager gab es eine Zeitung in jiddischer Sprache. Sie trug erst den Titel »Undzer Mut«, also »Unser Mut«, und wurde ein paar Wochen später in »Unterwegs« umbenannt. Das Blatt hatte als Untertitel, als Motto die Worte »Wir senen du und wir wellen sein«. Das heißt auf Deutsch »Wir sind da«. Und »Wir wellen sein« kann man doppeldeutig übersetzen: »Wir werden sein« oder »Wir wollen sein«. Daran sieht man, dass sogar schon unmittelbar nach dem Ende der NS-Zeit die Juden wieder neuen Mut schöpfen und die Kraft hatten, sich nicht unterkriegen zu lassen. Nach dem, was sie erlebt hatten – viele von ihnen habe ich ja kennengelernt –, war dieser Mut für mich immer wieder verblüffend und bewundernswert. Und bis heute schulden wir diesen Menschen Dank, dass sie die eigentliche Pionierarbeit geleistet

und so die Grundlage für neues jüdisches Leben in Deutschland gelegt haben.

Sie haben Ihren Vater als besonders liebevoll geschildert. Aber wenn Sie einmal eine schlechte Note nach Hause brachten, hat er dann nicht doch geschimpft?

Ich werde etwas sehr Ehrenrühriges eingestehen und zugeben: Ich habe nie wirklich eine ganz schlechte Note nach Hause gebracht. Jeder sagt ja heutzutage immer und rühmt sich fast damit, wie schlecht er in der Schule war und welches Glück er hatte, schließlich doch noch etwas aus sich gemacht zu haben. Aber es tut mir leid, ich hatte nie schlechte Noten, sorry. Deshalb brauchte er auch niemals deshalb böse zu sein.

Sie haben in Ihrem Buch »Nachgeboren – Vorbelastet?« beschrieben, dass Sie und andere Kinder in ähnlicher Situation nie gegen ihre Eltern rebelliert haben, noch nicht einmal in der Pubertät.

Das mag merkwürdig klingen, aber das war für uns nun mal ein absolutes No-Go. Es gibt Ausnahmen, aber in der Regel fühlten wir uns als die Eltern unserer Eltern. Wir passten auf unsere Eltern auf, weil wir alle wussten, was sie mitgemacht hatten. Wir Kinder waren ja oft die einzigen Familienmitglieder, die ihnen geblieben waren. Wir waren das einzige Stück Zukunft, auf das sie setzten. Deshalb empfanden wir es als unsere Aufgabe, nicht nur auf sie zu achten, sondern auch alles Leid von ihnen fernzuhalten. Dieser Schutzinstinkt begleitet uns unser ganzes Leben lang.

War das nicht auch eine Last für Sie?

Wenn man es im Rückblick betrachtet, antworte ich mit Ja. Als Kind habe ich es aber keineswegs so empfunden. Meine Eltern forderten das natürlich auch niemals ausdrücklich ein, aber es lag irgendwie doch immer unausgesprochen im Raum. Es schwebte wie eine Art neues jüdisches Gebot über unseren Köpfen. Und man kann viel über die Einhaltung jüdischer Gebote denken und meinen, aber dieses jedenfalls war immerzu fest verankert in meinem Herzen und mir stets ein ganz besonderes Anliegen, ja: sogar heilig! Ich habe beispielsweise bei Freunden mitbekommen, dass Eltern sagten: »Und deshalb habe ich Auschwitz überlebt, dass du mir das antust?!« Darüber haben jüdische Komiker ja auch schon viele Witze gemacht: »Du isst deine Suppe nicht, dafür habe ich Auschwitz überlebt?« Aber bei mir zu Hause gab es so etwas nicht, also kein bewusstes Einfordern der Eltern von Rücksicht oder Fürsorge.

Ich hatte immer das Gefühl, dass ich alles machen musste, dass meine Eltern nicht noch mehr Leid erdulden sollten, als sie schon erlitten hatten.

Gleichwohl hatte ich immer das Gefühl, dass ich ganz besonders auf sie aufpassen musste und ich alles nur Mögliche machen musste, dass sie nicht noch mehr Leid erdulden sollten, als sie schon erlitten hatten. Verlangt haben sie es nie, ich habe es freilich einfach immerzu gespürt. Und dieses Gefühl trage ich immer in mir.

In ihrem Buch »Die Enkelin« beschreibt Channah Trzebiner, wie ihr Großvater ohne Anlass ihren Hund tritt, weil er es nicht erträgt, seine Enkelin unbeschwert mit dem Tier spielen zu sehen. Opas Frau und der Sohn waren vor seinen Augen in die Gaskammer getrieben worden. Haben Ihre Eltern ähnliche Traumata beschrieben?

Nein, so nicht. Was Channah Trzebiner beschreibt, ist für viele typisch, aber es ist so doch wiederum nicht auf alles übertragbar. Die Mentalität ist sehr gut getroffen, wenn sie zum Beispiel ihren Opa als jemanden beschreibt, der es nicht ertrug, wenn andere glücklich waren. Sie schildert ja auch sehr schön eine Szene, wie sie als Mädchen stolz mit guten Noten nach Hause kommt und der Opa fast wegwerfend sagt: »A glik hot mich getrofn.« Das soll heißen, gemessen an seinem Leid, bedeuteten gute Schulnoten gar nichts. Solche Szenen gab es doch in vielen jüdischen Familien. Die Eltern maßen alles, ob sie es aussprachen oder nicht, an dem, was sie selbst erlebt und erlitten hatten. Und was konnte schon mit der Schoa »mithalten«? Aber bei mir war es dann doch anders. Das verpasste Glück meiner Eltern, jenes, das die Nazis ihnen vorenthalten hatten, kehrte ein Stück durch das erlebte Glück an ihrem Sohn wieder ein. Auf Jiddisch nennt man das »Nachess«, das Geschenk von freudigem Stolz, den die Eltern durch ihre Kinder verspüren. Und je mehr ich ihnen dieses Glück bereiten konnte, desto glücklicher machte es mich doch immerzu selbst.

Trifft Channah Trzebiner dennoch den richtigen Ton?

Ja. Ich kenne Channah Trzebiner schon sehr lange. Sie und unser Sohn gingen zusammen in den Kindergarten und in die Schule. Nicht nur deswegen hat mich ihr Buch bewegt, ich habe es allerdings auch noch anders gelesen: als Protestschrei gegen die eigene Holocaust-Traumatisierung. Ein gutes Buch hat nämlich mehr als nur einen Schlüssel. Ich finde, ein Schlüsselsatz ist der, in dem sie schreibt: Ich bin es müde, alles aus der Holocaust-Perspektive zu sehen, ich will weitergehen. So habe ich das Buch empfunden, dass sie sich das von der Seele schreibt. Ich wünsche ihr, dass es ihr gelingt. Ich glaube aber nicht, dass ein literarischer Befreiungsversuch ausreicht, die Seele frei zu machen von dieser Last.

Wie würden Sie Ihre Mutter beschreiben?

Als sehr emotional. Tief traumatisiert. Und außerordentlich warmherzig und ebenfalls ganz besonders liebevoll.

Emotional in jeder Hinsicht?

Ganz sicher in jeder Hinsicht, aber doch noch einmal ganz

speziell im Blick auf ihre Erfahrungen im Konzentrationslager. Insofern überschneiden sich die Beschreibungen »sehr emotional« und »tief traumatisiert«. Ich glaube nicht, dass irgendeines der Holocaust-Opfer seine Erlebnisse jemals wirklich bewältigt hat, aber manche sind damit besser fertiggeworden als andere. Bei meiner Mutter haben diese Traumata immer – bis heute – eine ganz große Rolle gespielt, sie wird bis heute davon beherrscht. Das wird sich bestimmt auch nicht mehr ändern.

Wie alt ist sie jetzt?

87.

Woher stammen Ihre Eltern?

Beide aus Polen. Mein Vater kommt aus einem Kleinstädtchen, einem Schtetl in der Nähe von Tschenstochau. Er hatte sieben Geschwister. Meine Mutter stammt aus Bendzin, einer der wenigen polnischen Städte mit jüdischer Mehrheit. Arno Lustiger ist auch in Bendzin geboren und hat es oft und sehr eindrucksvoll beschrieben.

Es waren Schulen, über die man sich heute die Haare raufen würde.

Dort gab es nicht nur jüdische Intellektuelle und Kaufleute und Rabbiner wie sonst in den polnischen Städten, sondern auch jüdische Polizisten oder jüdische Feuerwehrleute – etwas, das in Polen damals die absolute Ausnahme war. Meine beiden Eltern kommen aus sehr traditionellen jüdischen Familien. Der Vater meiner Mutter war Vorbeter in der Synagoge; heute verdienen Vorbeter oder Kantoren in jüdischen Gemeinden recht gut, damals war das in Polen aber gar nicht so, weil es schließlich so viele von ihnen gab. Es war für den Vater meiner Mutter daher oft sehr schwer, seine Familie angemessen zu ernähren.

Was für eine Schulbbildung hatten Ihre Eltern?

Mein Vater ging in eine Religionsschule, eine sogenannte »Cheder«. Wie es in solchen »Cheder-Schulen« zuging, haben Isaac Bashevis Singer und andere jüdische Autoren dieser Zeit gut beschrieben. Es waren Schulen, über die man sich heute bestimmt die Haare raufen würde, mit oft sehr autoritären, barschen Lehrern, die tatsächlich auch vom Rohrstock Gebrauch machten. Dort hat man zwar Lesen und Schreiben gelernt, aber sonst gab es dort keine säkulare Ausbildung etwa in Mathematik, Biologie oder Fremdsprachen. Hier hat man sich praktisch nur mit Thora und Talmud beschäftigt. Meine Mutter, die vier Geschwister hatte, hat die Volksschule bis zu ihrem vierzehnten Lebensjahr besucht, dann kam sie ins KZ.

Gab es in Ihrer Schulzeit eigentlich Situationen, in denen Mitschüler damit angaben, was deren Väter im Krieg getan hatten?

Nein, das habe ich nie erlebt, da wäre ich auch hellhörig geworden. Ich war aber in der Volksschule, wie damals die Grundschule hieß, viele Jahre lang das einzige jüdische Kind. Und der Unterschied zu den anderen Kindern war schon deshalb sehr groß, weil sie alle schließlich Großeltern hatten. Die haben alle immer von ihren Opas und Omas erzählt und von den Geschenken, die sie von ihnen bekamen, aber ich hatte eben keine Großeltern, und ich wusste ja auch, weshalb.

Wenn die anderen Kinder von deren Großeltern erzählten, haben Sie ihnen erklärt, warum Sie keine Großeltern mehr hatten?

Nein, das hätte ich nie im Leben gemacht. Mir war völlig klar, dass sie das nicht verstanden hätten. Ich wusste doch, dass ich »anders« bin mit meiner ganz speziellen Familien-Biographie.

Wann hatten Sie dieses Anderssein zum ersten Mal verstanden?

Spätestens, als ich in die Schule kam. Als ich als einziges jüdisches Kind in die Klasse mit insgesamt 42 Kindern kam, da habe ich schon sofort gespürt, dass ich irgendwie »anders« bin. Dass das ein besonderes Schicksal war, das ich mit niemandem dort teilte. Dass mich das emotional ausgesondert, ja emotional auch isoliert hat.

Und als der Tag Ihrer Einschulung bevorstand, nahmen Ihre Eltern Sie beiseite. Diese Geschichte müssen Sie jetzt bitte noch einmal erzählen, obwohl Sie sie bereits oft erzählt haben.

Das ist ein Moment, den ich natürlich für immer in mir trage. Wir lebten damals in der Oberlindau im Frankfurter Westend in einer kleinen Zweizimmerwohnung. Wir hatten im Schlafzimmer meiner Eltern eine große Spiegelanrichte. Eines Tages riefen sie mich und haben sehr ernst gesagt: »David, du kommst ja jetzt in die Schule, und es ist nicht gut, wenn jeder weiß, dass du jüdisch bist. Und mit deinem Namen David weiß jeder sofort, dass du Jude bist. Das ist nicht gut, und deswegen werden wir jetzt etwas zusammen machen.« Und dann haben sie mich ganz feierlich vor den Spiegel gestellt, mich in ihre Mitte genommen und dann langsam zu mir gesagt: »David, ab heute heißt du Dieter.« Das war schon ein heftiger, ein absolut dramatischer und auch traumatischer Augenblick für mich. Ich glaube nicht, dass das vielen Menschen im Leben jemals geschieht.

Was genau geht da in Ihnen als Sechsjährigem vor?

Es ist so, dass ich es in der Tat sehr, sehr gut verstanden habe. Meine Eltern haben es mir erklärt, und ich war ja auch mit den Geschichten aus den KZs aufgewachsen. Insofern konnte ich die Sorge sehr gut verstehen.

Was über das hinaus, was Sie jetzt eben erwähnten, haben Ihre Eltern Ihnen in diesem Augenblick noch erklärt?

Sie sagten, ich wisse doch, dass wir in Deutschland leben, dass Deutsche meine Eltern früher misshandelt hatten, dass Deutsche meine Großeltern ermordet hatten, dass es etwas ganz Heikles, Verletzliches war, als Juden in Deutschland zu leben.

Ich startete bei einem der schönsten und landete bei einem der vielleicht doch am wenigsten schönen Namen.

Darum habe ich meinen Eltern auch sofort vertraut, dass es nicht gut war, wenn jeder in der Schule angesichts meines Namens David gleich wusste, dass ich Jude war.

Wie oft haben sich Ihre Eltern danach versprochen und Sie noch David genannt?

Ich glaube, sie haben sich sogar nie versprochen. Ich erinnere mich jedenfalls nicht daran.

Und Sie selbst?

In den ersten Wochen, aber dann gewöhnt man sich relativ schnell daran. In dem Alter ist ja auch der Kreis der Bekannten, die man informieren muss, noch nicht so schrecklich groß und recht überschaubar. Man muss ja auch noch keine Visitenkarten und Briefpapier neu drucken lassen.

Warum gerade »Dieter«?

Gute Frage, schließlich startete ich bei einem der schönsten und landete bei einem der, wie ich bis heute finde, vielleicht doch am wenigsten schönen Namen. Ich glaube, es hatte zwei Gründe. Zum einen das D, es gibt ja nicht so viele deutsche Namen mit D – »Detlef« wäre ja bestimmt auch nicht viel besser gewesen. Und dann liebte meine Mutter deutsche Filme und ging so gerne ins Kino. Besonders gefiel ihr zu dieser Zeit Dieter Borsche, ein gut aussehender Schauspieler, von dem sie allerdings gar nicht wusste, dass er in der Nazi-Zeit große Karriere gemacht hatte.

Schulkind:
Aus David wurde Dieter.

Welcher Name steht in Ihrem Ausweis?

Natürlich: Dieter. Meine Eltern haben Nägel mit Köpfen gemacht. Sie haben die Namensänderung ganz offiziell beantragt.

Als Ihre Eltern Ihnen den Namen Dieter gaben, konnten sie sich vorstellen, dass sich die Geschichte wiederholte? Hatten sie deswegen Sorge um ihren Sohn?

Meine Eltern hatten immer Angst, dass so etwas wie der Holocaust sich wiederholen konnte. Wer so etwas erlebt hat, denkt gewiss nicht, dass es nicht wieder geschehen könnte. Wie sagt Primo Levi? »Es ist geschehen und folglich kann es wieder geschehen.« Wer am eigenen Leib erfährt, wie viel Hass und Gewalt einem Menschen aufgrund eines irrationalen Wahns entgegenschlagen können, der kann sich wirklich jedes noch so schreckliche Zukunftsszenario lebhaft vorstellen – alleine weil er es doch schon selbst erlebt und erlitten hat. Deswegen waren sie ja auch immer dem Gedanken so nah, Deutschland zu verlassen.

Haben Sie darüber auch gesprochen?

Ich will zwar nicht sagen, es wurde über nichts anderes gesprochen. Aber bei uns gab es doch zwei Hauptthemen: die Schoa und das Weggehen. Auch wenn die Freunde meiner Eltern uns besuchten, gab es immer nur diese beiden Themen. Meine Eltern haben sich mehrmals die Green Card für Amerika besorgt, sie fuhren sogar auch zweimal nach Amerika, um sie zu erneuern. Mit dem Schiff nach New York – für mich als Kind war das natürlich ein großes Abenteuer.

Wann hörten diese Pläne oder Überlegungen auf, Deutschland den Rücken zu kehren?

Es gab gar kein abruptes Aufhören, die Pläne schwächten sich nach und nach ab. Etwa zu Beginn der sechziger Jahre wurde dann immer klarer, dass wir nicht mehr weggehen würden.

Womit hing das zusammen?

Nun, die Zeit heilt nicht alles, aber sie macht manches doch erträglicher. Und dann hing es wohl auch mit dem zunehmenden wirtschaftlichen Erfolg meines Vaters zusammen. Er und meine Mutter fragten sich dann sicher, was sie denn woanders machen könnten, hier hatten sie sich schließlich mühsam eine Existenz aufgebaut. Dann kam noch hinzu, dass praktisch alle anderen Freunde meiner Eltern, die eigentlich auch auswandern wollten, am Ende doch hiergeblieben waren. Ich kenne ganz wenige Menschen, die dann tatsächlich weggegangen sind, vielleicht eine Handvoll, und von denen sind übrigens auch nicht alle woanders so schrecklich glücklich geworden.

Würden Sie so weit gehen zu sagen, dass Ihre Eltern widerwillig in Deutschland blieben?

Ja. Das galt auch für alle ihre Freunde. Widerwillig und mit ganz, ganz schlechtem Gewissen. Sie lebten an einem Ort, von dem sie das Gefühl hatten, sie dürften dort eigentlich gar nicht sein. Mit zerrissenen Herzen. Meine Mutter sprach das auch oft seufzend aus: »Wenn meine Eltern wüssten, dass ich in Deutschland lebe ...« Auch den Freunden ging es ähnlich, auch sie hatten das Gefühl: »Wir dürften hier überhaupt nicht sein.« Sie empfanden es als so etwas wie eine moralische Verfehlung: »Wir sind hier, weil es für uns bequem ist und weil wir nicht den Mut haben, woanders hinzugehen, das ist aber eigentlich eine Schande und eine Sünde.«

Hat dieses Gefühl irgendwann aufgehört?

Ich glaube, bei meiner Mutter nicht. Meine Eltern und ich haben ja auch viele Jahre lang sehr offen darüber diskutiert, wo sie einmal beerdigt werden sollten. Meine Mutter hat immer gesagt: »Auf gar keinen Fall in Deutschland.« Meine Eltern kauften sich dann zwei Grabstätten in Israel. Meine Mutter ist sonst nicht besonders energisch, aber in dieser Frage war sie es doch sehr wohl. Es war ihr immer ein ganz wichtiges Anliegen, nicht in deutscher Erde beigesetzt zu werden. Ich habe erst vor fünf, sechs Jahren, als es meinem Vater schon sehr schlecht ging – er war eine ganze Reihe von Jahren wirklich sehr krank –, mit dem Thema wieder angefangen. Meinem Vater war diese Frage eigentlich egal; wie immer ich es mache, sagte er, sei es gut. Und dann ist es mir schließlich denn doch gelungen, meine Mutter zu überzeugen, dass beide hier beerdigt werden sollten. Irgendwann, vor allem mit dem Argument »Dann können wir euch immer besuchen«, hat sie schließlich eingewilligt. Und darüber bin ich froh. Denn das Grab meines Vaters besuche ich sehr oft – und das bedeutet mir sehr viel.

Haben Sie es als starken Verlust empfunden, keine Großeltern zu haben?

Als ganz starken Verlust. Erst einmal ging es aus der Kinderperspektive auch ganz banal um Geschenke. Aber ich beneidete die anderen Kinder natürlich vor allem auch um die familiäre Vielfalt und die ganz besondere Liebe. Ich hatte nur meine Eltern, nicht einmal Geschwister. Umso mehr freut es mich, dass meine Kinder mit Großeltern aufgewachsen sind, mit dieser Liebe ohne Vorbedingung und ohne jede Grenzen.

Für meine Eltern sollte ein Jude in Deutschland nicht sichtbar sein, nicht auffällig.

Wie viele Kinder haben Sie?
Zwei. Einen Sohn und eine Tochter. Als Großvater bin ich noch recht frisch im Geschäft. Aber wenn manche Menschen sagen, man liebt seine Enkel mehr als seine Kinder, dann kann ich das nicht bestätigen. Ich liebe die Kinder wie die beiden Enkel. Nur hat man es als Großvater leichter, weil man nicht so viel Verantwortung trägt. Man spielt den guten Part, den erzieherischen und gelegentlich auch einmal »strengen« überlässt man den lieben Eltern.

Wie haben Sie Ihre Lehrer empfunden?
Unter unseren Lehrern gab es ausnahmslos solche, deren prägendes Lebensereignis der Krieg gewesen war. Manche haben darüber erzählt, manche nicht, bei einigen hat man sich schon gefragt, was sie in der NS-Zeit wohl gemacht hatten. Und bei manchen würde ich auch nicht die Hand dafür ins Feuer legen, dass sie ihre Judenfeindschaft von damals niemals wirklich abgelegt hatten. Aber das waren insgesamt doch nur recht wenige. Alles zusammengenommen, hatte ich mit meinen Lehrern doch Glück und bin gut mit ihnen zurechtgekommen.

Haben Ihre Eltern es eigentlich mit Wohlgefallen aufgenommen, dass Sie Präsident des Zentralrats wurden?

Wohlgefallen? Mit Schock, Entsetzen, totaler Ablehnung! Aber gegen ein gesellschaftliches Engagement waren sie nicht erst zu diesem Zeitpunkt. Sie waren schon dagegen, dass ich mich in der Jüdischen Gemeinde engagierte oder bei Makkabi Frankfurt, dem jüdischen Sportverein. Alle Arten solchen Engagements haben sie mit einer – aus ihrer Sicht – schlüssigen Konsequenz immer abgelehnt: Für sie sollte ein Jude in Deutschland einfach nicht sichtbar sein, nicht auffällig. Je höher die Stufen des Engagements waren, desto intensiver wurde der Grad der Ablehnung. Sie müssen wissen, dass mein Vater und meine Mutter mehrfach dramatische Selektionen mitgemacht hatten, Appelle, bei denen die Menschen dem brutalen Sadismus der SS ausgesetzt waren, bei denen Menschen ganz willkürlich herausgegriffen und erschossen oder einfach auch zu Tode geprügelt wurden. Und sie haben immer wieder gesehen: Wenn jemand auch nur ein bisschen auffiel, dann war er gleich besonders in tödlicher Gefahr. Anders betrachtet: Wenn man sich unauffällig verhält, wachsen die Chancen fürs Überleben. Das haben sie verinnerlicht.

Und in diesem Licht muss man auch Ihre Namensänderung betrachten.

Natürlich. Ihre Erfahrung oder ihre Sicht war: Wer als Jude in Deutschland lebt, der lebt ohnehin schon gefährlich genug. Und sie hatten ein schlechtes Gewissen, dass sie mich nach Deutschland gebracht hatten. Da sollte ich eben so unauffällig wie möglich sein. Deshalb nannten sie mich Dieter, und deshalb wollten sie auf gar keinen Fall, dass ich mich mit öffentlichen Ämtern exponiere, also auffällig mache. Ich habe zu meinen Eltern immer ein sehr gutes und besonders herzliches Verhältnis gehabt; dies war aber immer die einzige Meinungsverschiedenheit zwischen uns.

Dann haben Sie sich jahrelang gestritten?

Nein, niemals habe ich mich mit meinen Eltern gestritten.

Ich war mit meinen Eltern auch noch nie auch nur eine einzige Sekunde lang im Leben böse. Aber wir hatten da einfach eine ganz andere Meinung. Als sich abzeichnete, dass ich Präsident des Zentralrats werden würde, da habe ich mich nicht einmal getraut, es meinen Eltern allein zu erzählen. Und ich war damals immerhin schon 59 Jahre alt! Wer wird das schon verstehen können? Zusammen mit meiner Frau und meinen Kindern bin ich dann jedenfalls zu meinen Eltern, um es ihnen zu erzählen. Nun war ich ja schon Vizepräsident und mein Vater konnte eigentlich nicht so total überrascht sein, er hatte ja auch selbst schon darüber spekuliert, aber als die Nachricht heraus war, reagierte er total schockiert. Er hat wirklich alle Register gezogen, er weinte, er war enttäuscht, er sagte sogar: »Ich werde daran sterben.«

Und Ihre Mutter?

Sie war viel pragmatischer. Sie hat gesagt: »Lass ihn.« Das hat sie überhaupt meist gesagt, wenn mein Vater einmal anderer Meinung als ich war: »Lass ihn, wenn das sein Glück ist, dann soll er es eben machen.« Aber gefallen hat es ihr auch nicht. Bis heute nicht. Wenn meine Mutter etwas über mich in der Zeitung liest, dann sagt sie auch heute noch immer: »Brauchst du das? Hör doch auf damit!«

Sie erwähnten, dass Ihre Eltern wirtschaftlich erfolgreich waren. Wie kam es dazu?

Meine Eltern eröffneten 1954 gemeinsam mit einem Partner in der Nähe der Frankfurter Hauptwache den »Henninger Quick«, neben dem Kino »Cinema«, wo heute ein Juweliergeschäft ist. Das war damals Frankfurts erster Schnellimbiss. Er lief vom ersten Tag an offenbar großartig. Dort gab es Würstchen, Schaschlik und solche Dinge, Fast Food jener Zeit, aber noch keine Hamburger, auch Pommes frites kamen erst später. Meine Eltern hatten als Kapital ja nur ihre Arbeitskraft und haben wirklich jahrelang sehr, sehr

Ganzer Stolz: Der Opel Rekord 1959.
Mutter Cesia am Steuer, Vater Salomon davor.

hart gearbeitet, jeden Tag zwölf Stunden. Sie machten auch keinen Feiertag und kein Wochenende.

Für Sie als Junge muss so ein Imbiss doch interessant gewesen sein.

Ach, ich weiß nicht. Interessant war vielleicht, dass ich umsonst Würstchen bekam. Das war's aber auch schon. Ich fand es aber gar nicht gut, dass meine Eltern so wenig Zeit für mich hatten. Ich hätte gern viel mehr Zeit mit meinen Eltern verbracht. Wenn ich von der Schule kam, war meine Mutter oft nicht daheim, weil sie oft noch eine zusätzliche Schicht machen musste, das war gar nicht schön für mich. Für meinen Vater war es aber wiederum schön, weil er doch Erfolg hatte.

Und kann man sagen, dass Ihre Eltern dann wohlhabend geworden waren?

Wohlhabend wurden sie, als mein Vater dann ins Immobiliengeschäft einstieg. Mit dem Imbiss wurde man nicht wirklich wohlhabend, aber er hatte eine wichtige Grundlage gelegt. Mein Vater hat dann das erste Wohnhaus gebaut und parallel weiter im Imbiss gearbeitet. Dann, immer mit einem Partner, hat er ein zweites Wohnhaus gebaut und dann im Laufe der Zeit allmählich mit dem Imbiss aufgehört.

Erinnern Sie sich noch, wann Ihre Eltern sagten: »Jetzt haben wir es geschafft, jetzt können wir in den Urlaub fahren«? Oder »Jetzt können wir uns das erste Auto leisten«?

Zunächst einmal musste mein Vater ja den Führerschein machen. Bei meinen Eltern waren solche Dinge schließlich ausgesprochen schwierig, denn sie sprachen immer sehr schlecht Deutsch. Zu Hause sprachen wir ja grundsätzlich Jiddisch.

Ich landete in einer orthodoxen Welt, die ich überhaupt nicht kannte.

Das Fahren war ja nicht so schwierig, aber das Theoretische! Ich weiß noch, wie er immer vom Unterricht heimkam und verzweifelt sagte, er schaffe das nie. Aber ich erinnere mich auch noch genau an den Tag der Prüfung: Da standen meine Mutter und ich ganz aufgeregt und angespannt am Fenster unserer Wohnung in der Oberlindau, und dann kam er und hat mit seinem Führerschein stolz nach oben zu uns gewedelt. Das war ein ganz großer Moment für uns.

Und dann haben sich Ihre Eltern ein Auto gekauft?

Das war einige Zeit danach, einen Opel Rekord. Das war für uns eine Riesensache. Ich glaube, wenn sich heute jemand einen Porsche kauft, dann erlebt er nicht zehn Prozent der Freude, die wir damals empfunden haben. Nach allem, was hinter meinen Eltern lag, was sie durchgemacht hatten, ein eigenes Auto zu besitzen – das war der Traum schlechthin.

Es war insgesamt eine Aufstiegsgeschichte.

Ja, aber eine Aufstiegsgeschichte mit Brüchen. Der größte Bruch für mich selbst kam, als meine Eltern mich anderthalb Jahre in ein jüdisches Internat in der französischen Schweiz schickten. Es war ein sehr orthodoxes Internat und für mich eine sehr schwere Zeit.

Wie alt waren Sie da?

Neun bis zehneinhalb. Von meinen Eltern getrennt zu sein fiel mir sehr schwer. Ich war in einer orthodoxen Welt gelandet, die ich überhaupt nicht kannte. Der Unterricht wurde auf Französisch gehalten, ich sprach und verstand aber kein einziges Wort in dieser Sprache.

Was war denn der Grund, Sie in dieses Internat zu schicken?

Meine Eltern wollten, dass ich eine intensive jüdische Schulerziehung bekam. Die konnte ich in Frankfurt nicht so intensiv bekommen. Ich bin hier zwar in die Religionsschule gegangen, die von der Jüdischen Gemeinde angeboten wurde, aber das ging denn doch nicht so tief, wie meine Eltern sich das wünschten. Sie hörten dann von diesem Internat in der französischen Schweiz von Freunden und dachten, es sei gut für mich. Deshalb haben sie mich dort hingebracht. In Deutschland gab es ja kein jüdisches Internat – bis heute übrigens nicht.

Hatte denn der Glaube Ihrer Eltern die Konzentrationslager überstanden?

Für meine Mutter immer, für meinen Vater nur zum gewissen Teil. Es ist erstaunlich, wie unterschiedlich die Erfahrungen in den Konzentrationslagern bei jüdischen Menschen in dieser Hinsicht gewirkt haben. Bei manchen wurde der Glauben noch stärker, bei anderen war es ganz anders. Ich kannte etwa jemanden sehr gut, der viele Jahre lang die Synagoge mitgeleitet hat, der sehr strikt jeden Feiertag feierte und den Schabbat befolgte – er hat mir erst wenige Wochen vor seinem Tod anvertraut: »Du glaubst wirklich an Gott? Ich glaub nicht an Gott. Wer gesehen hat, was ich gesehen habe, der kann einfach nicht glauben.« Das gab es bei gar nicht wenigen jüdischen Menschen, dass sie sich, ohne wirklich zu glauben, am religiösen Leben doch beteiligten. Aus Tradition, aus dem Gefühl, vielleicht sogar auch aus Pflichtgefühl, dem spirituellen Erbe ihrer Familien zu folgen.

Ist es nicht umgekehrt viel erstaunlicher, dass Menschen wie Ihre Mutter, die das Böse überstanden hatten, noch glauben konnten?

Es gibt ja diese berühmte Anekdote über die Rabbiner, die ein Rabbinatsgericht über Gott abhalten: Ist Gott nach Auschwitz schuldig zu sprechen? Sie kommen zu dem Ergebnis: Ja, Gott ist schuldig. Das Urteil wird verkündet, und dann guckt einer auf die Uhr und sagt: »Es ist Zeit: Wir müssen beten gehen.«

Es geht ja schließlich um eine der zentralen Fragen der Theologie.

Es ist auch eine der Fragen, die mich immerzu beschäftigen und zerreißen: Wie kann ein allmächtiger, allgütiger Gott das Böse zulassen? Bei Juden spitzt man es auf Auschwitz zu, aber es gilt ja für alles Böse und Schlechte.

Die einzige vernünftige Antwort ist vielleicht die, dass Gott die Freiheit jedes Menschen will und zulässt. Also auch die Freiheit, Böses zu tun.

Aber wie erklären Sie damit Tsunamis oder Krankheiten? Da passt die Sache mit der Freiheit nicht.

Haben Sie eine Antwort?

Ich habe sehr viel darüber nachgedacht, aber, nein, eine Antwort habe ich nicht gefunden. Isaac Bashevis Singer, den ich gerade schon zitierte, hat einmal sogar dazu geschrieben: Es kann gar keinen allmächtigen und allgütigen Gott geben.

Ich persönlich will fest daran glauben, dass Gott selbst im Holocaust immer bei den leidenden Menschen war.

Eine der beiden Eigenschaften jedenfalls wäre aufzuheben. Entweder ist Gott allmächtig, aber nicht allgütig. Das heißt, er könnte das Böse verhindern, will es aber nicht. Oder aber er ist allgütig, aber nicht allmächtig, denn er kann das Böse nicht unterdrücken. Am Ende finden wir aber keine Antwort auf diese Frage – vielleicht können wir Menschen auch gar keine Antwort darauf finden. Wie es in der Hiob-Geschichte schon steht: Wir sind wohl einfach zu klein, um diese große, gewaltige Frage zu beantworten. Martin Buber hat die Zeit der Schoa einmal als »Gottesfinsternis« bezeichnet, ein ganz besonderes Wort. Ich persönlich jedenfalls will aber fest daran glauben, dass Gott selbst im Holocaust immer bei den leidenden Menschen war, um ihnen Mut und Kraft und Inspiration zu geben, dass er jenen Hoffnung und Stärke gab, die den Schrecken überleben konnten, dass er die Verzweiflung und die Schreie der Menschen auch dort immer gehört und sie auch in ihrem unermesslichen Leid getröstet hat, ihre Tränen trocknete und ihnen selbst und gerade in ihren allerschwersten, bittersten Stunden immerzu beistand.

Aber Ihre Eltern wollen, dass bei ihrem Sohn religiöse Fundamente gelegt werden. Wie kommen Sie aus diesem Internat nach anderthalb Jahren wieder heraus?

Erst einmal bin ich froh, buchstäblich heilfroh, dort überhaupt wieder herausgekommen zu sein. Mein Glück war, dass es dort keinen gymnasialen Zweig gab.

Hat dieses Internat Sie denn geformt oder beeinflusst?

Auf jeden Fall. Als Junge von neun, zehn Jahren ist man doch sehr formbar. Der orthodoxe Glaube gibt einem ja auch Halt und Struktur. Er rhythmisiert das ganze Leben, er gibt dem Leben auch Sinn und Perspektive. Schneller, als man denkt, macht man sich das selbst zu eigen. Als ich wieder daheim war, machte ich meinen Eltern dann Vorwürfe: Warum halten wir nicht streng den Schabbat, warum essen wir nicht koscher? Und als wir im Urlaub in die Schweiz fuhren, bestand ich zum Beispiel darauf, dass wir in das einzige koschere Hotel am Ort gingen. Obwohl das Hotel übrigens scheußlich und das Essen absolut grässlich, alles andere als geschmackvoll war. Ich habe aber sehr energisch darauf gedrängt und ihnen gesagt, da schickt ihr mich schon auf ein orthodoxes Internat, da müssen wir uns im Urlaub aber auch streng an die Regeln halten.

Es waren schlimme anderthalb Jahre für Sie?

Einerseits ja, weil ich wirklich sehr darunter litt, von meinen Eltern getrennt zu sein. Aber ich habe in dieser Zeit auch Freunde dort gefunden und auch wirklich sehr viel gelernt. Es ist ein Wissen, von dem ich bis heute zehre. Wenn ich in eine Synagoge gehe – die religiöse Kompetenz meiner Altersgenossen ist ja leider oft nicht besonders hoch entwickelt, von den Jüngeren ganz zu schweigen –, weiß ich immer sehr genau in liturgischen Fragen Bescheid. Wer das wie ich regelmäßig dreimal am Tag gemacht hat, muss darüber gar nicht mehr groß nachdenken. Und wenn man es nicht nur mechanisch nachvollzieht, sondern viele Vorträge darüber gehört und sich zwar noch längst kein rabbinisches, aber doch fundiertes Wissen in Fragen von Gottesdienst und Liturgie angeeignet hat, dann ist das schon ein schöner, kostbarer Schatz, der einen ein Leben lang trägt und begleitet und bereichert.

Wie haben Sie es denn geschafft, dem Unterricht in französischer Sprache zu folgen? Oder war er teilweise auf Deutsch?

Nein, nur französisch. Ich weiß noch, in meiner allerersten Schulstunde wurde gleich ein französisches Diktat geschrieben. Ich hatte tatsächlich nicht ein einziges Wort richtig geschrieben. Die Lehrerin machte sich auch noch die Mühe, jeden einzelnen Fehler anzustreichen. Mein ganzes Heft war rot, nur rot, ich kannte das gar nicht.

Aber Sie haben sich das Französische dann schnell angeeignet?

Ich sagte ja, ich war immer ein guter Schüler. Ich war es dann auch dort.

Die Französischkenntnisse haben sich gehalten?

Nein, sicher gar nicht in dem Maße wie damals. Aber mein passiver Wortschatz ist immer noch recht groß. Neulich erst habe ich eine Rede von Simone Veil ohne Übersetzung erstaunlich gut verfolgen können – immerhin.

Sie sind dann, weil Ihre Eltern merkten, Sie konnten dort kein Abitur machen, ins Frankfurter Goethe-Gymnasium gekommen?

Nur unter Vorbehalt, weil ich die vierte Klasse ja in einer Schule gemacht hatte, die der Direktor gar nicht kannte.

Wer als Zehnjähriger in eine reine Jungenklasse geht und sich für Eintracht Frankfurt begeistert, findet schnell viele Freunde.

Sie waren gern Schüler?

Na ja, wer ist schon immer gern Schüler? Aber ich bin letztlich vor allem deshalb recht gern zur Schule gegangen, weil ich dort bald Freunde fand. Wer als Zehnjähriger in eine reine Jungenklasse geht und sich für Eintracht Frankfurt begeistert, findet schnell viele Freunde, mit denen er zusammen fiebern und triumphieren und sich auch gemeinsam ärgern kann.

Sind Sie auch ins Stadion gegangen?

Klar, zu jedem Heimspiel. Wer das macht, hat ja die ganze Woche über ein spannendes Gesprächsthema, das verbindet. Und ich war auch beim allerersten Spiel der Bundesliga dabei: Eintracht Frankfurt spielte damals gegen Kaiserslautern, das Spiel ging 1:1 aus, und »unseren« Torschützen weiß ich noch bis heute!

Hat die Fußballbegeisterung gehalten?

Natürlich. Ich bin seit vielen Jahren Eintracht-Mitglied, gehe aber nicht mehr ins Stadion. Aber mein Sohn tut es, er fährt sogar zu Auswärtsspielen. Und ich lese alles in der Zeitung über den Verein, es ist sogar zumeist das Erste, das ich lese. Und meine Laune am Wochenende hängt in hohem Maß davon ab, wie die Eintracht gerade gespielt hat. Meine Frau kann ein lautes Klagelied davon singen.

Heute sind Sie gläubiger, bekennender Jude?

Ja. Ich bin ein gläubiger Mensch.

Beten Sie?

Ja.

Auch privat?

Sogar auch das. Wobei das Beten für mich immer eine sehr persönliche Zwiesprache mit Gott ist. Und wenn man gemeinschaftlich mit Anderen betet, in der Synagoge, hat das noch einmal eine ganz besondere Kraft und Dimension von Spiritualität.

Beten Sie morgens oder abends?

Mal so, mal so.

Gehen Sie dazu immer in die Synagoge?

Nein, ich bete daheim. Ich versuche aber, oft samstags in die Synagoge zu gehen.

Was gibt Ihnen das Gebet?

Hoffnung, vor allem aber Sinn. Ich glaube, dass die Religion viele Fragen beantwortet, auf die es sonst keine Antwort gäbe. Nach meinem Gefühl gibt nur die Religion die Antwort auf die ganz großen Fragen der Menschheit: Woher? Wohin? Wozu? Auch da freilich immer auch mit gelegentlichen Zweifeln und so manchen offenen Kapiteln.

Mit Thora:
Bei der Bar-Mizwa

Was an Gebräuchen Ihres Glaubens leben Sie?

Zuhause halten wir uns streng an die koscheren Speisevorschriften, was das Leben auch nicht immer unbedingt vereinfacht. Denn das Angebot an koscheren Lebensmitteln ist leider manchmal begrenzter, als man denkt, und zuweilen auch recht sonderbaren Schwankungen ausgesetzt. Wir sind außerdem am Freitagabend, am Schabbat-Abend, mit der Familie zusammen, mit den Kindern. Das machen sehr viele jüdische Familien so, das ist ein wirklich wunderbarer Brauch, den auch viele nichtgläubige jüdische Familien so halten. Und ich begehe natürlich die jüdischen Feiertage. Es ist eine sehr spezielle, herzliche Mischung aus Religion und Tradition, die immer wieder zu einer wunderbaren Melange aus Jüdischkeit und Familienzusammenhalt wird.

Ihre Kinder halten das auch so?

Meine Kinder haben mir gesagt, ich solle hier besser nicht so viel über sie erzählen. An diese Weisung will ich mich auch halten. Sagen wir so, ich habe ganz bestimmt zwei wirklich fabelhafte Kinder, auf die ich wirklich sehr stolz bin, sie sind recht unterschiedlich und handeln auch oft unterschiedlich. Aber immer und ausnahmslos sind sie loyal, liebenswert und absolut wunderbar.

Haben Sie den Eindruck, dass das Familienleben für Juden wichtiger ist als für andersgläubige Menschen?

Ich will da keine Vergleiche anstellen, aber der Familienzusammenhalt ist für viele Juden wirklich etwas sehr Wichtiges, er nimmt allerdings nach meiner Beobachtung auch da und dort leider ein wenig ab. Wie ja auch die religiöse Intensität im Judentum und im Christentum bedauerlicherweise abnimmt. Im Islam ist es noch mal anders. In Umfragen sagen in Deutschland lebende Muslime zu 95 Prozent, die Religion sei ihnen wichtig. Das sind Werte, von denen Christen und Juden leider nur träumen können. Aber um noch mal auf die Frage zurückzukommen: Die Familie spielt im Judentum wirklich eine ganz besondere, herausragende Rolle, das stimmt. Das eigene Wohl hängt entscheidend mit dem Wohl der anderen Familienmitglieder zusammen, so empfinde ich das jedenfalls oft. Und der Zusammenhalt ist angesichts unserer Geschichte auch ganz besonders wichtig. Das allerdings ist nicht nur auf die eigene Familie begrenzt, sondern gilt, wenn man so will, eigentlich für die gesamte weltweite jüdische »Familie«. »Alle Juden sind füreinander verantwortlich« – so steht es schon im Talmud. Daher werden Werte wie Fürsorge, Zusammenhalt, Solidarität und Wohltätigkeit oft ganz hoch geschätzt im Judentum.

Herr Graumann, wenn man abschließend auf Ihre Kindheit blickt, so kommt man zu dem Ergebnis, dass Sie psychisch sehr stabil sein müssen, weil die Fürsorge für die Eltern ein Kind natürlich sehr schnell überfordern kann, was manche Menschen erst als Erwachsene einholt.

Vielleicht ist es so, dass man mit seinen Aufgaben wächst. Vielleicht bedarf es aber auch keiner besonderen Kraftanstrengung, wenn man es gar nicht anders kennt. Wenn ich zuvor eine völlig sorgenfreie Kindheit gehabt hätte und wäre dann ganz plötzlich mit diesen KZ-Erfahrungen, mit dem Leid meiner Eltern konfrontiert worden, dann hätte sich vielleicht eine Überforderung eingestellt. Aber ich kannte es eben von Anfang an gar nicht anders. Es war für mich immer der Normalzustand.

Aber war es nicht ein gespaltener Normalzustand? In Ihrer kleinen Welt hören Sie die schrecklichen Dinge, die von Ihren Eltern und deren Leidensgenossen erzählt werden, Sie tragen das aber nicht in den Alltag, in die Schule, in die Gespräche mit Ihren Klassenkameraden, sondern Sie machen das mit sich aus.

Das stimmt. Ich habe insofern immer in meinem Leben sehr viel allein mit mir selbst ausgemacht. Es war ja nicht nur die Schule. Immer wenn ich in den fünfziger und sechziger Jahren einkaufen ging oder mit der Straßenbahn fuhr, begegneten mir Männer, bei denen ich mich sofort und ständig fragte: Was hat der »damals« gemacht?

Während der Studentenbewegung entwickelte die Linke einen regelrechten Hass gegen Israel.

Ausgehend von der Physiognomie dieser Menschen?

Ja und vom Alter. Da überlegte ich dann: Was hat der in der NS-Zeit gemacht? Hat der vielleicht meine Eltern gequält? Hat er vielleicht meine Großeltern ermordet? Das war nicht nur bei mir so, das weiß ich aus dieser Zeit auch von vielen anderen Juden.

Sie sind Jahrgang 1950. Wenn Sie mit achtzehn Abitur gemacht haben, dann werden Sie als junger Erwachsener mit der Studentenbewegung konfrontiert. Es war die Zeit, als eine junge Generation ihre Väter befragte: Was habt ihr in der NS-Zeit gemacht?

Ich betrachtete das damals gar nicht unter diesem Aspekt, es war ja auch eine sehr gemischte Bewegung mit prononciert linken Bezügen. Ich selbst begriff die Studentenbewegung damals nicht so sehr als Anklage an die Elterngeneration. Und dazu kam ja auch, dass sich sehr schnell ein starker antiisraelischer Impuls ergab. Innerhalb von zwei, drei Jahren entwickelte die Linke einen regelrechten Hass gegen Israel. Im Jahr 1967 war ich selbst in Frankfurt auf dem Römerberg noch bei der letzten SDS-Demonstration für Israel, danach wurde Israel aber ganz schnell zum Feind, zum »Vasall der imperialistischen USA« gestempelt. Solche Feindseligkeit hat mich dann natürlich sofort abgeschreckt.

Aber waren Sie nicht wenigstens schwärmerisch auf der Seite derer, die demonstrieren gingen?

Nein, das war ich eigentlich nicht. Der erste Höhepunkt des Aufbegehrens lag ja noch in meiner Schülerzeit, da ging es vor allem gegen die Notstandsgesetze. Die Studenten sind ja durch die Frankfurter Gymnasien gezogen, so auch durchs Goethe-Gymnasium, und haben gerufen: »Kommt doch mit!«. Ich bin nicht mitgekommen, ich konnte mich einfach nicht mit dieser Bewegung identifizieren.

Schon bevor es gegen Israel ging?

Längst vorher, ich will das gar nicht nur auf das Israel-Thema schieben. Da wurden – auch von dem sehr eloquenten und hochintelligenten Rudi Dutschke – so radikale Thesen vertreten, hinter denen ich einfach nicht stand. Es war ja die Zeit der Großen Koalition in Bonn, und ich fand, dass die ihre Sache eigentlich recht gut machte, gerade in der Ökonomie. Karl Schiller und Franz-Josef Strauß haben das bemerkenswert gemacht, haben zu jener Zeit das Stabilitätsgesetz auf den Weg gebracht. Die beiden waren ein starkes Team – »Plisch und Plum« nannte man sie –, Schiller war ein glänzender Ökonom und ein brillanter Redner, Strauß war eben Strauß, gemeinsam fand ich sie ziemlich eindrucksvoll, ich hätte nicht gegen sie demonstriert. Den damaligen Kanzler Kurt Georg Kiesinger fand ich dagegen sehr viel weniger eindrucksvoll, der hatte eine heftige NS-DAP-Geschichte.

Wie haben Sie die Zeit der Hausbesetzungen im Westend erlebt?

Die habe ich aus der jüdischen Sicht erlebt. Es wurden nämlich oft sehr viele jüdische Hausbesitzer angeprangert. Da wurde öfter vom »jüdischen Hausbesitzer« berichtet, bei den anderen hieß es nur neutral »der Hausbesitzer«. Das hat mich sehr gestört. Die judenfeindlichen Aspekte waren meines Erachtens manchmal nicht zu übersehen. Diejenigen, die für die Häuser gekämpft haben, wollten das sicherlich nicht, aber bei uns kam der antisemitische Effekt als solcher an und verletzte uns oft.

2 »Eine wertvolle Sprache«

Der Untergang des Jiddischen

Wurde bei Ihnen daheim Jiddisch gesprochen?

Ja, meine Eltern haben nur Jiddisch gesprochen, es ist die Sprache, mit der ich aufgewachsen bin. Deutsch ist daher sozusagen meine erste Fremdsprache. Wenn sie mit mir sprachen, bemühten sie sich zwar, das ein bisschen zu »verdeutschen«, aber es blieb doch immer Jiddisch. Sie sprachen dann ein Jiddisch, von dem sie selbst wohl dachten, es sei wohl ein bisschen Deutsch – aber es war doch so überhaupt gar kein Deutsch und blieb immer Jiddisch. Und das war doch gut so: Denn für mich bleibt Jiddisch ein wertvoller Schatz, der immerzu in meinem Herzen wohnt, für mich bleibt es gewiss die allerschönste Sprache der ganzen Welt. Zugegeben: Französisch mag die Sprache der Liebe sein, sagt man. Englisch ist heute die universale Sprache schlechthin. Und Italienisch ist voller Melodie und Musik. Aber im Jiddischen singt nun einmal die jüdische Seele, im Jiddischen lacht und weint das jüdische Herz. Für mich wird es niemals anders sein können. Das Jiddische transportiert für mich die so einzigartige, kostbare Atmosphäre der leider für immer untergegangenen Welt des Ostjudentums.

Unterscheidet sich das in Polen gesprochene Jiddisch von dem, das man üblicherweise in Deutschland gesprochen hat?

Das ist wie mit den deutschen Dialekten: Die Sprache ist dieselbe, aber die Aussprache ist anders. In Galizien, Rumänien, Polen, Ungarn oder Deutschland klang das Jiddische jeweils ein bisschen anders. Wobei die deutschen

Juden selten Jiddisch sprachen, weil sie sich zum Teil für etwas »Besseres« hielten und in dem Zusammenhang eben auch sehr stolz auf ihr Hochdeutsch waren.

Sprechen Sie heute noch Jiddisch?

Ich kann es wirklich gut, aber ich tue es doch nur sehr selten.

In welcher Sprache antworten Sie denn Ihrer Mutter?

Ich antworte ihr meist auf Deutsch, gemischt mit jiddischen Idiomen – aber mit meiner Mutter kann ich auch ohne Worte kommunizieren, mit der Sprache der gemeinsamen Gefühle.

Warum sprechen Sie nicht mit Ihren Kindern Jiddisch?

Weil sie doch auf Deutsch kommunizieren. Jiddisch ist wirklich eine wunderschöne Sprache, die aber leider inzwischen fast ganz ausstirbt. Wenn man einmal absieht von den Ultraorthodoxen in Israel oder Antwerpen oder etwa in New York, gibt es ja heutzutage kaum noch Menschen, die diese Sprache wirklich im Alltag sprechen. Dabei ist und bleibt Jiddisch für mich immer so viel mehr als »nur« eine Sprache. Es ist Ausdruck von Gefühl, von Humor, von Melancholie, von jüdischer Lebenswelt, ein ganzer Mix an Emotionen, die aus der besonderen jüdischen Geschichte hervorging. Manches kann man deswegen auch gar nicht wirklich übersetzen. Es geht doch fast immer ein Teil des Sinns, der jüdischen Seele verloren.

In dem Buch »Die Enkelin« von Channah Trzebiner sind etliche jiddische Passagen enthalten, die man erstaunlich gut versteht.

Es ist ja eine Sprache, die ursprünglich vom Deutschen herkommt – provozierend kann man fast sagen: »Deutsch ist eine besonders weit verbreitete Form des Jiddisch«! Aber wenn sie schnell und flüssig gesprochen wird, dann wird es mit dem Verstehen doch schon etwas schwieriger. Jiddisch ist eine wunderbare, wertvolle Sprache. Isaac Bashevis Singer, der Literaturnobelpreisträger, hat alle seine Bücher zunächst in Jiddisch geschrieben, sie wurden erst danach ins Englische und in andere Sprachen übersetzt.

Wird nichts unternommen gegen das Aussterben des Jiddischen?

Ich glaube, dieser Kampf ist doch leider schon längst verloren. Das Verlöschen des Jiddischen hat mit der Schoa zu tun. Durch die Vernichtung des ostjüdischen Lebens, wo Jiddisch gesprochen, gedacht, geträumt und gelebt wurde, befinden wir uns in einer Situation, die einfach nicht wiederherzustellen ist. Einige Autoren versuchen zwar, dem Jiddischen literarisch gewissermaßen ein Denkmal zu setzen. Aber das sind Denkmale wie Grabsteine. Trotz allem freut es mich, dass wir in Deutschland jüdische Theater haben, die hin und wieder auch auf Jiddisch spielen oder aber auch in der Musik-Szene, gerade beim Klezmer, die Sprache auch von nichtjüdischen Künstlern gesprochen beziehungsweise gesungen wird. Dennoch wird die zerstörte Welt des Jiddischen bestimmt niemals wieder entstehen können. Das ist schon traurig genug.

Sie hätten doch mit Ihren Kindern Jiddisch sprechen können, um auf diese Weise die Sprache ein wenig am Leben zu erhalten.

Meine Kinder verstehen ein wenig Jiddisch, weil meine Eltern so mit ihnen gesprochen haben. Aber dass sie das selbst benutzen würden, das denke ich nicht, nein.

Es ist aber doch gut, wenn allerlei Anstrengungen unternommen werden, um Katalanisch, Gälisch, Korsisch zu erhalten, weil es schade ist, wenn solche Literatursprachen verschwinden.

Diese Anstrengungen gibt es, aber ich sehe leider nicht, dass sie von Erfolg gekrönt werden. In Israel gab es lange Zeit ein recht erfolgreiches jiddisches Theater. Als ich früher in Israel war, bin ich immer begeistert in dieses Theater gegangen, ich war dort natürlich fast immer der Jüngste. Aber heute kommen nicht mehr genügend Besucher. Denn die Orthodoxen, die noch Jiddisch sprechen und verstehen, gehen grundsätzlich nicht ins Theater und die anderen verstehen meistens gar kein Jiddisch. Auch die jiddischen Zeitungen in Israel sind inzwischen leider eingestellt oder verzeichnen radikal schwindende Auflagen. Aber ein Erbe bleibt, denn viele Begriffe und Redewendungen, die wir im Deutschen als selbstverständlich betrachten, kommen ursprünglich aus dem Jiddischen. Auch das zeugt vom großen jüdischen Beitrag, der leider doch oft viel zu unbekannt ist in Deutschland.

3 »Ich könnte mir mein ganzes Leben nur mit Büchern vorstellen«

Studium und Beruf

Ihre Eltern haben es gern gesehen, dass Sie zunächst Jura studierten?

Ich weiß nicht, eigentlich hätten sie wohl am liebsten gehabt, dass ich Arzt geworden wäre, das ist so der Klassiker in jüdischen Familien: Der Sohn soll Doktor werden – das ist schon fast immer der Traum so vieler jüdischer Eltern gewesen.

Der Numerus clausus wäre kein Hinderungsgrund gewesen?

Nein. Aber ich bin dann nach dem Abitur ein Jahr lang nach England gegangen und habe Jura studiert. Es war für mich eine wunderbare Zeit am King's College. Als ich nach einem Jahr nach Frankfurt zurückkam, um hier Volkswirtschaft zu studieren, erlebte ich einen enormen Kontrast, ja sogar einen Kultur-Schock. Am King's College waren wir im ersten Jura-Semester gerade einmal siebzig Studenten; das Studium war zwar sehr verschult, aber auch sehr individualisiert. Zum Beispiel hatten wir vier Mal in der Woche im ganz kleinen Kreis »Tutorials« mit den berühmtesten englischen Juraprofessoren. Jeder Professor kannte nach ein paar Wochen jeden Studenten beim Namen. Es war einfach eine wunderbare Atmosphäre: Wir lernten und diskutierten und debattierten begeistert. Dann kam ich nach Frankfurt, wo ich Volkswirtschaftslehre studierte, und saß plötzlich in den schrecklichen, abgrundtief hässlichen Hörsälen V und VI mit über sechshundert Kommilitonen. Bis zum Ende kannte mich fast kein einziger Professor beim Namen, genau so wenig wie die anderen Studenten. Das erste Semester in Frankfurt verbrachte ich dann auch folgerichtig vor allem mit Skatspielen in der Mensa. Das war bestimmt die schönste Zeit während meines gesamten Studiums.

Warum blieben Sie nicht bei Jura und in London?

Weil mir noch klarer wurde als schon zuvor, dass ein Jurastudium immer ans Land gebunden, dass aber die englische Juristerei sogar noch viel stärker an England gebunden ist, weil das britische Rechtssystem sich mit dem auf dem Kontinent nicht vergleichen lässt. Ich habe mir, obwohl es mir in London und am King's College wirklich sehr gut gefiel, gesagt, dass ich mit einem solchen Studium in Deutschland wenig bis gar nichts hätte anfangen können.

Und warum Volkswirtschaft?

Ich las damals viel Sigmund Freud und hätte eigentlich sehr gern Psychologie studiert. Eigentlich hätte ich das wohl auch machen sollen. Aber ich habe es halt dann doch nicht gemacht.

Sie waren zu vernünftig?

So war es. Vernünftig, aber vielleicht nicht wirklich klug. Volkswirtschaft eröffnet nun einmal viele Möglichkeiten, man legt sich zunächst auf nichts fest. Das Spektrum an Möglichkeiten nach dem Studium ist groß. Freilich war der Wirklichkeitsschock in Frankfurt an dieser ausgesprochen unschönen hässlichen Universität wirklich gewaltig. Ich beneide ein wenig die Studenten, die heute auf dem Westend-Campus studieren dürfen. Es ist heute vielleicht der schönste Campus in Deutschland, während der in Frankfurt-Bockenheim zu meinen Zeiten hässlicher kaum denkbar war.

Das Studium der Volkswirtschaft hat Ihnen keinen Spaß gemacht?

Überhaupt gar keinen. Die ersten vier bis fünf Semester lernte man Finanzmathematik, Statistik, Buchhaltung – man weiß gar nicht, wozu. Man weiß nur, dass es ziemlich scheußlich und staubtrocken ist. Und, ehrlich gesagt, mein Interesse für ökonomische Dinge hielt sich sowieso sehr in Grenzen. Ich lese ja schon seit Schülerzeiten die *F.A.Z.*, habe aber damals den Wirtschaftsteil sofort immer ungelesen weggelegt. Erst als ich anfing, Volkswirtschaft zu studieren, dachte ich mir, das geht ja nun so nicht weiter. Dann habe ich mir drei verschiedene einzelne Aktientitel gekauft, nur um überhaupt einen Grund zu haben, überhaupt einmal in den Börsenteil zu schauen.

Dass Sie nach London gingen, war das Ihr Wunsch oder eine Anregung Ihrer Eltern?

Das war mein eigener Wunsch.

Warum England, warum nicht Amerika?

Heute gehen viele junge jüdische Leute nach Amerika, das ist richtig. Bei mir stellte sich die Frage gar nicht, Amerika war ja auch so weit fort.

Die jungen britischen Juden sagten: »I'm British first, then I'm Jewish.« Das war für mich vollkommen undenkbar.

Und ich war damals auch sehr englandaffin und schon als Schüler öfter dorthin gereist. Und dann wusste ich, es gibt in London ein intensives jüdisches Leben, das Jüdische war mir ja immer wichtig. In der Tat gab es an der Uni jüdische Studentenverbände, einen für jede Fakultät und noch einmal einen übergeordneten, und diese Jewish Society war sehr vital – etwas, wovon man in Deutschland nur träumen konnte. Ich machte dort auch eine sehr überraschende Erfahrung. Die jungen britischen Juden in London, die ich kennenlernte, sagten: »I'm British first, then I'm Jewish.«

eine Freunde vollkommen un-
ja nicht mit Deutschland identi-
diese Sperre, diese inneren Zwei-
ass ein Jude sich so mit seinem
e, das hat mich verblüfft und fas-
ne britischen Kollegen um dieses
Gefühl sehr beneidet.

Der Satz »Ich bin jüdisch und Deutscher« würde Ihnen heute leichter von den Lippen gehen?

Viel leichter. Da hat sich an der Art, wie man die eigene Identität definiert und fühlt, doch viel geändert.

Wenn damals Deutschland im Fußball gegen England gespielt hat, zu wem haben Sie gehalten?

Was für eine gemeine Frage! Ich war ja schon immer begeisterter Fußballfan und kannte die deutschen Spieler allesamt sehr gut – darunter waren leider immer viel zu wenige von Eintracht Frankfurt –, insofern hielt ich aber doch zu Deutschland.

Bei dem engen Verhältnis zu Ihren Eltern müssen die doch traurig gewesen sein, als ihr Sohn mit neunzehn nach England gehen will.

Ja, das hat ihnen weh getan. Aber ich sagte ihnen, dass ich mal raus musste aus Frankfurt, auch aus dieser kleinen jüdischen Gemeinschaft. Es hat ja auch mir weh getan, sie zu verlassen, aber es musste damals einfach sein. Meine Eltern haben aber wohl auch gespürt, dass der Zeitpunkt für mich gekommen war, an dem ich Tapetenwechsel brauchte.

Als Sie beim Studium über die ersten Semester mit Statistik und Buchführung hinaus waren, hat Sie die Volkswirtschaft dann stärker interessiert?

Erst als es später um Wirtschaftspolitik ging. Mich hat die Profitmaximierung in einzelnen Unternehmen nicht wirklich interessiert, aber die Steuerung der Wirtschaft durch Konjunktur-, Geld- und Währungspolitik fand ich immer spannend und hochinteressant. Und dann hatte ich einen phantastischen Professor, der später auch mein Doktorvater war, Armin Gutowski, von dem ich so viel lernte. Er war damals im Sachverständigenrat, einer der »Fünf Weisen«. Besonders für sein Spezialgebiet Geld- und Währungspolitik habe ich mich sehr interessiert. Was mich faszinierte, war, dass ich plötzlich entdeckte: Ökonomie ist ein ganz wichtiger Teil von Politik. Provozierend gesagt: Politik hat den Spielraum, den die Ökonomie ihr lässt. Und als politisch interessierter Mensch, der ich immer war, bekam die Ökonomie so für mich auf einmal einen ganz neuen Stellenwert. Und als ich später akademischer Tutor war und selbst um die hundert Studenten unterrichtete, habe ich plötzlich Details von ökonomischer Theorie schätzen und dann endlich selbst auch zu verstehen gelernt wie nie in meinem Studium zuvor. Wer anderen etwas beibringen soll, sollte das Thema besser schon selbst auch ein wenig verstehen – das kam bei mir zwar recht spät, aber am Ende denn doch.

Wovon handelte Ihre Dissertation? Und wissen Sie den genauen Titel noch?

Natürlich: »Die Parallelwährung als europäische Integrationsalternative.« Es ging, lange vor dem Euro, um die Idee einer europäischen Währung neben den jeweiligen nationalen Währungen. Sozusagen als monetärer Motor der angestrebten Währungsintegration. Heute redet man in manchen ökonomischen Kreisen übrigens kurioserweise plötzlich wieder von einer »Parallelwährung« – freilich in ganz anderen Zusammenhängen als damals: nämlich als Instrument für eine zumindest partielle Rückabwicklung der inzwischen erreichten Währungsgemeinschaft.

Hat Ihnen viele Jahre später, als Sie die Finanzen der Jüdischen Gemeinde Frankfurt in Ordnung bringen sollten, Ihr Studium geholfen?

Geschadet hat es zumindest nicht, der Blick für ökonomische Zusammenhänge jedenfalls war geschärft. Was mich auch immer interessierte, war die Frage, wie man einen öffentlichen, staatlichen Haushalt aufstellt. Das ist von quasi öffentlichen Körperschaften wie einer Jüdischen Gemeinde und ihrem Haushalt ja gar nicht so weit weg. Ein Haushalt hat ja immer eine politische Programmatik, die hier nur in Zahlen gegossen wird. Insofern hat mir das Studium schon genutzt. Es ist aber nur nicht so, dass einem ein Volkswirtschaftsstudium hilft, privat ökonomisch erfolgreich zu werden. Einer unserer Professoren erzählte uns immer, sein eigener Doktorvater, ein in der Weimarer Republik sehr bekannter Ökonom, habe in der Zeit der großen Inflation in den zwanziger Jahren sein Haus verkauft, weil er annahm, so viel Geld bekomme er nie mehr dafür – mit dem Ergebnis, dass er sich für sein Geld nur Wochen später nicht mal mehr ein Brot kaufen konnte. Das war mir immer eine Warnung: Ökonomisches Wissen schützt nicht vor ökonomischer Dummheit.

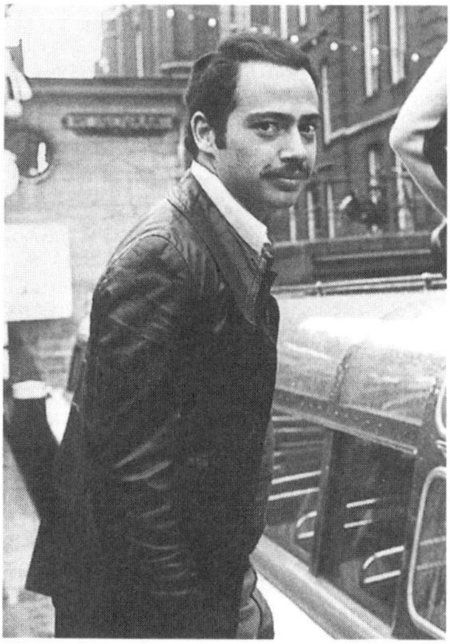

Bärtig:
Als Student in London

nau, was kommen wird. Bei Volkswirtschaft ist die Unsicherheit freilich sehr viel größer, weil man damit auch viel mehr anfangen kann. Ich hatte nach dem Studium die Möglichkeit, zur »Börsen-Zeitung« zu gehen. Ein Professor der Finanzwissenschaft legte mir das damals sehr ans Herz. Ich stellte mich dort vor, wäre wohl auch genommen worden, aber mein Doktorvater riet mir doch zur Promotion, und beides zusammen wäre damals einfach nicht gegangen. Wer weiß, vielleicht hätte ich wirklich besser Journalist werden sollen? Das habe ich mich später oft gefragt. Wer weiß, vielleicht wäre ich sogar Redakteur bei der *F.A.Z.* geworden?

Wie ging es dann für Sie im Anschluss an Ihre Promotion weiter?

Mein Doktorvater wies mich auf eine freie Stelle bei der Deutschen Bundesbank hin. Die Bundesbank genoss in diesen Zeiten ja einen sagenhaften Ruf. Heute natürlich auch noch. Was der Bundesbankpräsident sagte, hatte großes Gewicht, die Verlautbarungen des Hauses wurden ganz genau im ganzen Land registriert.

Wer war damals Bundesbankpräsident?

Erst Otmar Emminger, dann Karl Otto Pöhl. Vizepräsident war zu jener Zeit Helmut Schlesinger.

Bei der Bundesbank fälscht man doch keine Zahlen, Gott bewahre!

Er stellte mich am Ende auch ein – nach einer langen Prozedur und vielen Gesprächen mit Abteilungsleitern, Hauptabteilungsleiter und ganz zum Schluss dem Vizepräsidenten. Er sah in meinem Lebenslauf, dass ich in Israel geboren war, und fragte zunächst, ob ich überhaupt Deutscher sei.

Wie lange blieben Sie bei der Bundesbank?

Zweieinhalb Jahre. Ich war in der volkswirtschaftlichen Abteilung, habe dort Konjunkturanalysen geschrieben und später auch gelegentlich Artikel und Reden für den Vizepräsidenten.

Haben Sie sich wohl gefühlt?

Sehr sogar. Es gab damals dort ein ganz besonderes »Wir-Gefühl« in der Deutschen Bundesbank. Einen ganz speziellen Spirit. Wir waren gar nicht so viele Volkswirte, vielleicht fünfzig. Aber wir haben uns irgendwie für die ganze deutsche Wirtschaft verantwortlich gefühlt. Wenn der Bundesbankpräsident nach Bonn fuhr, dann haben wir die Reise inhaltlich vorbereitet und fühlten uns, als säßen wir dort alle mit ihm am Tisch. Es war die Zeit, als die Bundesbank Ende der siebziger Jahre gegen den Wunsch der Bundesregierung eine Hochzinspolitik vertrat, was der Politik und auch den Medien oft so gar nicht gefiel.

Mussten Sie Zahlenkosmetik betreiben?

Bei der Bundesbank fälscht man doch keine Zahlen, Gott bewahre! Aber wir mussten neue Konjunkturdaten natürlich manchmal auch kreativ interpretieren. In welchen Zusammenhang etwa stellt man grottenschlechte Zahlen, die so gar nicht zur eigenen Politik passen? Betrachtet man sie in Zwei-, Drei-, Viermonatsvergleichen? Bereinigt man sie statistisch noch einmal? Rechnet man noch einmal ganz bestimmte Sondereinflüsse heraus? Werden sie am Ende denn damit sogar nahezu schon »sinnbereinigt«? Ich habe jedenfalls sehr viel gelernt, für mich war es eine tatsächlich wunderbare Zeit. Einen besseren Ort konnte es für einen jungen Volkswirt gar nicht geben. Nebenher schrieb ich meine Doktorarbeit zu Ende. Prof. Armin Gutowski war inzwischen Leiter des Weltwirtschaftsinstituts in Hamburg geworden und kam ab und an nach Frankfurt für ein Kolloquium mit seinen vier Doktoranden. Wir sind dann immer essen gegangen, und an diesen langen Abenden habe ich viel mehr über Ökonomie gelernt als in den fünf Jahren Studium zuvor.

Nach zweieinhalb Jahren verlassen Sie die Bundesbank. Warum?

Es war eine schöne, spannende Zeit, ich war auf dem Weg zur Verbeamtung, aber ich habe doch gesehen, dass es für mich nicht das Richtige war. Ich fand, für mich sei es doch das Beste, selbständig zu sein.

Hatte es Ärger gegeben?

Durchaus nicht, ich verstand mich immer sehr gut mit meinen Vorgesetzten und meinen Kollegen. Ich werde niemals vergessen, wie vollkommen entgeistert mich mein Vorgesetzter ansah, als ich ihm sagte, dass ich die Bundesbank verlassen würde. Er sagte: »Das ist das erste Mal, dass jemand freiwillig hier weggeht.« Am Tag später kam er aber noch einmal zu mir. Er sagte, er habe lange nachgedacht: In seiner Familie seien alle schon seit acht Generationen Staatsdiener gewesen, in meiner Familie sei das wohl bestimmt nicht so. Und so war es ja auch. Bei mir war der Drang nach Selbständigkeit eben einfach zu groß.

Und dann?

Dann habe ich mich eben selbständig gemacht. Ich bin – wie mein Vater, aber nicht bei meinem Vater – ins Immobiliengeschäft eingestiegen. Ich habe hart gearbeitet, Häuser gebaut, gekauft und umgebaut, aber nie mit Häusern gehandelt. Und das mache ich bis heute: Ich verwalte eigene Häuser.

Hatten Sie ein Startkapital?

Ja, mein Vater hat mir sehr geholfen.

Wie fand es Ihr Vater, dass Sie nun in seinen Fußstapfen wandelten?

Er hätte mir wohl einen ruhigeren Job gewünscht. Ich glaube, er hätte es gar nicht so ungern gesehen, wenn ich bei der Bundesbank geblieben wäre. Aber natürlich hatte er Verständnis für meinen Wunsch, selbständig zu werden, er war es ja selbst.

Was ist das Schöne an Ihrem Beruf?

Eben die Selbständigkeit. Ich muss niemanden fragen und bin sozusagen mein eigener Aufsichtsrat. Es ist die Kombination von Freiheit und Verantwortung. An Immobilien als solchen hänge ich aber gar nicht.

Haben Sie die Firma Ihres Vaters und Ihre irgendwann zusammengeführt?

Ich hatte nie eine Firma, ich betreibe eine Personengesellschaft. Wir hatten auch nie ein gemeinsames Büro, das habe ich nicht für richtig gehalten. Aber wir haben uns jeden Tag im Café Clement, Am Salzhaus, getroffen – er hatte in dieser Straße sein Büro, ich damals meines in der Biebergasse. Dort haben wir unsere Geschäfte besprochen. Und so vieles andere auch. Natürlich habe ich meinen Vater sehr oft um Rat gefragt, er war mein ganzes Leben mein bester Freund und mein engster Ratgeber in jeder Beziehung. In den letzten zwei Jahren, als er krank war und nur noch selten ins Büro gehen konnte, habe ich seine Immobilien ganz mitbetreut.

Er hat bis ins hohe Alter gearbeitet?

Er ist ins Büro gegangen, bis er 89 war. Und als er nicht mehr hingehen konnte, hat es ihm sehr, sehr gefehlt.

Was ist das Schöne an Immobilien?

Habe ich denn gesagt, dass Immobilien schön sind? Mein Geschäft ist mein Broterwerb. Glück und Freude hat mir dieser Beruf nie bereitet. Leidenschaft ist etwas Anderes. Ich kann mir auch gar nicht vorstellen, dass Hausverwaltung irgendjemandem wirklich Spaß macht. Von den meisten Mietern hört man nichts, das ist gut. Aber wenn sie anrufen, dann oft mit Beschwerden, das liegt in der Natur der Sache. Und wenn sie allerdings wirklich glücklich sind – dann bin ich's auch.

Und Mietverträge aushandeln macht keine Freude?

Klar, das ist manchmal ganz spannend, gerade bei Bürohäusern. Aber ich mache das seit 35 Jahren, ich weiß inzwischen schon im Vorhinein, wie die dritte und die vierte Frage heißen und was in einer Viertelstunde kommen wird. Ich kenne das mittlerweile oft besser als die meisten Fachanwälte. Unterhaltsam ist das nicht. Und spannend schon gar nicht.

Aber ist es nicht spannend, durch die Stadt zu gehen und nach neuen Objekten Ausschau zu halten oder nach Grundstücken, auf denen man bauen könnte?

Erstens geht das nicht so einfach, wie Sie sich das vorstellen. Es ist ja nicht so, als ginge man shoppen, als würde man sich nur ein Paar neuer Schuhe suchen. Schließlich sind neue Immobilien immer mit viel Kapitaleinsatz und viel Fremdkapital verbunden. Fremdkapital bedeutet aber immer auch hohes Risiko. Ich wollte auch nie in die Situation geraten, dass Banken mir Bedingungen stellen.

Ich könnte mir mein ganzes Leben nur mit Büchern vorstellen.

Ich möchte, dass Banken gern mit mir zusammenarbeiten. Und das geht nur, wenn man von ihnen nicht allzu abhängig ist.

Die Freude, ein schönes Haus zu verwalten, hat sich bei Ihnen nie eingestellt?

Doch, das gibt es schon. Aber es gibt dann auch wesentlich Schöneres im Leben.

Oder hätten Sie Spaß daran gehabt, so prächtige Häuser wie Jürgen Schneider zu bauen?

Jürgen Schneider hat ohne Frage wunderschöne Häuser wie den Fürstenhof in Frankfurt gebaut. Aber ganz offensichtlich hatte sein Tun ja keine so ganz solide ökonomische Basis.

Wenn Immobiliengeschäfte für Sie so erkennbar wenig lustbesetzt sind, tragen Sie sich dann mit dem Gedanken, dieses Geschäft aufzugeben?

De facto habe ich das ja schon weitgehend getan, denn die Aufgabe als Präsident des Zentralrats beansprucht sicherlich längst über 95 Prozent meiner Zeit.

Können Sie sich vorstellen, wie Ihr Vater bis ins hohe Alter zu arbeiten?

Ich werde mich hüten, mir selbst jetzt eine Frist zu setzen, das wäre das Gegenteil von klug. Aber ich glaube nicht, dass ich mich wie mein Vater bis ins neunte Lebensjahrzehnt mit Immobilien befassen möchte – dazu habe ich viel zu viele andere Interessen. Ich bin eine Leseratte, ich könnte mir mein ganzes Leben nur mit Büchern vorstellen.

Was lesen Sie besonders gern?

Romane.

Lyrik?

Weniger gerne.

Haben Sie Favoriten unter den Autoren? Isaac Bashevis Singer nannten Sie ja bereits.

Von ihm, der ja auch bis ins hohe Alter gearbeitet hat, habe ich sicherlich alle Romane gelesen, es müssen etwa zwanzig sein. Unter den zeitgenössischen Autoren schätze ich Martin Mosebach besonders mit seiner wunderbaren Sprache. Wir haben in Frankfurt übrigens noch einen anderen sehr bemerkenswerten Autor, nämlich Wilhelm Genazino. Martin Suters jüngste Romane mag ich auch, freilich ganz besonders seine frühen. Er hat am Beginn seiner Karriere aber besonders schöne Bücher wie »Small World« oder »Ein perfekter Freund« geschrieben. Leon De Winter ist schon immer einer meiner absoluten Favoriten und Lieblingsautoren. Bei ihm sieht man übrigens, wie unsinnig die oft gemachte Unterscheidung zwischen »ernster Literatur« und »Unterhaltungsliteratur« eigentlich ist. Tatsächlich macht er schon seit Jahren Unterhaltungsliteratur auf hohem Niveau mit einem feinen Faible fürs Fabulieren, ausgeklügelten Plots und ganz starken Figuren. Und Philip Roth und Amos Oz muss man einfach als Leser lieben und schätzen. Allein für »Eine Geschichte von Finsternis und Liebe« hätte Amos Oz schon den Literaturnobelpreis verdient. Wenn er nicht Israeli wäre, hätte er ihn wohl auch schon längst bekommen.

Ihr Ernst?

Ja, davon bin ich fest überzeugt. Und Philip Roth hätte ihn auch bestimmt längst bekommen, wenn er nicht Amerikaner wäre. Ich kenne eigentlich keinen anderen unter den zeitgenössischen Autoren, der über Jahrzehnte hinweg diese gewaltige belletristische Kraft und erzählerische Urgewalt bewiesen hätte. Stattdessen sind in den letzten Jahren manchmal Schriftsteller mit dem Nobelpreis ausgezeichnet worden, deren Namen man erst einmal nachschlagen und neugierig »googeln« musste.

4 »Ich nenne es eine revolutionäre Veränderung«

Über die Frankfurter Jüdische Gemeinde und die jüdische Gemeinschaft in Deutschland

Welchen Kontakt haben Sie als junger Mann, als Student oder Mitarbeiter der Bundesbank, zur Jüdischen Gemeinde?

Ich war im Jüdischen Studentenverband. Das war eine ganz kleine Organisation, aber wir haben uns jeden Montag im Baumweg in Frankfurter Ostend getroffen, wo auch lange die Jüdische Gemeinde ihren Sitz hatte. Später war ich beim jüdischen Sportverein Makkabi Frankfurt aktiv, ging dort in den Vorstand und wurde einige Jahre später Präsident. Das war ich dann über zwölf Jahre lang. Das hat mir sehr viel Freude gemacht.

Konnten Sie sich als junger Mann vorstellen, dass Sie eines Tages Zentralratspräsident würden?

Ich hatte immer eine gute Phantasie, aber so weit reichte sie denn doch nicht.

Wann wurde der Kontakt zur Jüdischen Gemeinde enger?

Er war eigentlich insofern immer eng, als ich Ignatz Bubis gut kannte. Er war ein enger Freund der Familie meiner Frau. Und er hatte mich schon ganz früh in die Finanzkommission der Jüdischen Gemeinde geholt, denn Bubis war ja nicht nur Vorsitzender der Gemeinde, sondern auch immer Finanzdezernent.

Wie alt waren Sie da?

Das war, als ich heiratete, also Ende zwanzig. Alle drei Jahre – in diesem Rhythmus fanden damals die Wahlen für den Gemeinderat statt – hat Bubis mich dann aufgefordert, doch zu kandidieren. Aber ich wollte mich nicht politisch mit einem Amt engagieren. Vielleicht war ich da auch durch meine Eltern beeinflusst, die das schließlich auf gar keinen Fall wollten.

Was bringt Sie schließlich dazu, Ignatz Bubis' Aufforderung zu folgen?

Es war nach der Verhinderung des Fassbinder-Stücks im Oktober 1985 die Erfahrung, dass man sich einmischen muss, wenn man etwas erreichen will. Oder auch umgekehrt: Man kann etwas erreichen, wenn man sich einmischt. Es war das erste Mal, dass wir als jüdische Gemeinschaft laut unsere Stimme erhoben und protestiert haben gegen eine für uns unzumutbare Lage, in diesem Fall gegen ein antisemitisches Theaterstück, welches in einem von der Stadt finanzierten Theater laufen sollte. Wir haben begriffen, dass wir uns selbst am wenigsten helfen, wenn wir weiterhin im sozusagen selbstgewählten »Ghetto« verbleiben. Eine weitere für mich erstaunliche Erkenntnis war die Tatsache, dass wir mit unserem Protest auf ganz viele wohlmeinende Menschen trafen, die sich an unsere Seite stellten. Als kleine Jüdische Gemeinde in Frankfurt allein hätten wir das Stück sicher nicht verhindern können, es war nur möglich, weil so viele andere Menschen dann doch verstanden, dass man unsere Gefühle achten muss. Ich habe aus diesen Erfahrungen mitgenommen: Wenn wir uns verständlich machen, gewinnen wir Freunde. Das war nicht nur für mich eine ganz wichtige Erfahrung.

Bubis war ja auch Mitglied einer politischen Partei, nämlich der FDP. Kam ein solches politisches Engagement für Sie je in Frage?

Nein, die Partei, mit der ich mich hundertprozentig identifizieren könnte, müsste ich schon selbst gründen. Ich finde es persönlich eigentlich auch immer wesentlich entspannter, selbst parteipolitisch unabhängig zu bleiben, gerade im Hinblick auf meine Ämter innerhalb der jüdischen Gemeinschaft.

Haben Sie damals den heutigen Oberbürgermeister Peter Feldmann gekannt?

Ja, als ich in den Gemeinderat kam, war er mein Fraktionskollege. Er war zwei Wahlperioden in unserer Gruppe.

Feldmann verschweigt sein Engagement in der Jüdischen Gemeinde nicht, aber er macht auch keinen Gebrauch davon. Warum wohl?

Er hält wohl seine Religion für Privatsache und möchte betonen, dass er Oberbürgermeister für alle Menschen sein möchte. Er will gewiss den Eindruck vermeiden, Partikularinteressen zu vertreten. Das ist doch legitim und muss jeder für sich entscheiden.

Haben Sie Feldmann in der Zusammenarbeit geschätzt?

Er war schon damals ein absoluter politischer Profi. Und ich schätze Menschen, die sich engagieren für Dinge, die ihnen sehr am Herzen liegen. In seinem Fall eben die Politik. Sie ist seine Leidenschaft.

Die meisten jüdischen Menschen sind das Gegenteil von reich.

Das heißt, er hat getrickst und war illoyal?

Na, hören Sie mal! Was unterstellen sie unseren Politprofis denn? Wann man nach Ihrer Definition ginge, müsste man ja mit allen Mitteln versuchen, Laie zu bleiben!

Feldmanns Vorgängerin, Oberbürgermeisterin Petra Roth …

… hat rasch ein sehr großes Verständnis für das Judentum entwickelt. Als sie ins Amt kam, haben wir sie 1995 im Römer besucht. Da merkte ich, dass sie vom Judentum noch gar nicht so viel wusste. Aber dann hat sie sich in wirklich beeindruckender Weise damit beschäftigt, war ja auch mehrmals in Israel und hat eine Nähe zum Judentum entwickelt, die mich oft sehr berührt hat. Wenn sie beinahe mit Tränen in den Augen ehemalige jüdische Mitbürger zum Besuch in ihrer ehemaligen Vaterstadt Frankfurt am Flughafen begrüßte, merkte man, dass es ihr wirklich eine Herzensangelegenheit war. Das habe ich oft gespürt.

Was bewegt jüdische Menschen heute, sich am Leben der Jüdischen Gemeinde zu beteiligen?

Sie sagen »beteiligen«, dieser Begriff macht mir Bauchschmerzen, denn die meisten beteiligen sich leider nicht so intensiv, wie ich es mir wünschen würde. Sie sind, salopp gesagt, eben doch viel zu passive Mitglieder. Man sieht wenig von ihnen, man hört wenig von ihnen. Sie kommen an höheren Feiertagen oder auch sonst ab und an in die Synagoge. Man sieht sie dann, wenn sie Kinder haben, die sie in den Kindergarten oder zur Schule bringen – und man sieht sie, wenn das Leben zu Ende geht. In der Jüdischen Gemeinde ist es wie in vielen Gemeinschaften: Die Menschen kommen, wenn sie Kinder haben, und dann wieder, wenn sie alt sind. Dazwischen gestalten und führen sie ihr eigenes Leben. In der Jüdischen Gemeinde Frankfurt betreiben wir allerdings eine starke Sozialarbeit, denn anders, als manche annehmen, sind die meisten jüdischen Menschen das Gegenteil von reich. Viele sind auf Hilfe angewiesen, zumal seit dem Zuzug aus der ehemaligen Sowjetunion. Fast alle, die von dort kamen, brauchen Hilfe, besonders die Älteren.

Wie können Sie helfen?

Selten mit Geld, allenfalls ein bisschen mit einem kleinen Taschengeld. Eher mit persönlicher Zuwendung und Beratung. Aber gerade das Zwischenmenschliche, die Vermittlung des Gefühls, willkommen zu sein und verstanden zu werden, ist uns ganz besonders wichtig und hilft dem

Gegenüber, sich nicht als Fremder zu fühlen. Respekt, menschliche Wärme und Begegnung auf Augenhöhe hat bei uns Priorität, egal ob jemand aus Berlin oder Odessa kommt.

Wie viele Mitglieder hat die Jüdische Gemeinde in Frankfurt?

Knapp siebentausend.

Und wie viele von ihnen sind im besten Sinne aktiv?

In die Synagoge kommen regelmäßig etwa 120 bis 140 Gemeindemitglieder, in Spitzenzeiten vielleicht zweitausend. Das sind dann meist die Hohen Feiertage, also Rosh Hashana, unser Neujahrsfest, und Jom Kippur. Unsere Schule hat 430 Kinder, ein Drittel davon allerdings nichtjüdische, der Kindergarten noch einmal etwa 160, daraus können Sie die Zahlen der aktiven Mitglieder ableiten. Dazu muss ich sagen, dass die Frankfurter Jüdische Gemeinde eine der aktivsten in ganz Deutschland ist.

Was bietet die Jüdische Gemeinde Frankfurt ihren Mitgliedern so alles?

Wir bieten das volle Programm, sozusagen von der Wiege bis zur Bahre: Krabbelstube, Kindergarten, eine sehr gute Schule, inzwischen bis zur neunten Klasse und als Ganztagesangebot, Jugendzentrum, Sozialabteilung, Studentenverband, Sportverein, eine sehr gut funktionierende Kulturabteilung und das größte jüdische Altersheim in Deutschland, vielleicht sogar in Europa.

Unternehmerisch gesprochen, ist all das ein Zuschussgeschäft?

Alle unsere Institutionen sind finanzielle Defizitgeschäfte, das liegt in der Natur der Sache. Aber sie erwirtschaften allesamt gewaltige emotionale Überschüsse, die wir niemals missen möchten. Die Schule zum Beispiel ist uns lieb und – buchstäblich – teuer, sie macht etwa drei Millionen Euro Defizit im Jahr. Dazu kommen noch die Kosten für die Sicherheit. Die Jüdische Gemeinde in Frankfurt muss sich eine eigene Sicherheitsabteilung leisten, die etwa 1,3 Millionen Euro im Jahr kostet, Jahr für Jahr.

Die Stärke unserer jüdischen Schule ist das Spiegelbild der Schwäche öffentlicher Schulen.

Wie würden Sie, wenn Sie auf Werbetour gehen müssten, das Profil der jüdischen Schule in Frankfurt beschreiben? Warum sollten vielleicht auch nichtjüdische Eltern ihre Kinder hier anmelden?

Ich musste niemals Werbung für unsere Schule machen, wir hatten und haben viele Anmeldungen auch von nichtjüdischen Eltern. Und darüber hinaus ist diese Schule so wunderbar und einzigartig, dass ich wohl nie die angemessenen Worte dafür finden kann, um zu beschreiben, wie toll sie doch tatsächlich ist.

Gehen nichtjüdische Eltern automatisch davon aus, die jüdische Schule sei besser?

Das habe ich mich oft gefragt, warum nichtjüdische Eltern ihre Kinder zu uns schicken. Eine Freude ist es ja nicht unbedingt, die Schüler durch Sicherheitsschleusen zu bugsieren. Dazu kommt, dass man bei uns jüdische Religion und Hebräisch gar nicht abwählen darf. Der gute Ruf mag damit zu tun haben, dass bei uns noch keine einzige Schulstunde ausgefallen ist, hier ist unsere Stärke das Spiegelbild der Schwäche öffentlicher Schulen. Wir hatten bisher auch keinen einzigen Drogenfall oder Gewaltausschreitungen. Unsere Grundschule galt viele Jahre als die beste in ganz Hessen. Keine andere Schule bietet eine so vielfältige Förderung für Schüler mit Handicaps aller Art, im Verhaltensbereich, bei Rechtschreib- oder Mathematikschwäche. Auch hochbegabte Kinder können übrigens speziellen Betreuungsbedarf haben, wenn sie zum Beispiel im Sozialverhalten nicht immer mitkommen. Und zudem ist es eine vorbildliche Ausbildungsstätte für Toleranz und interkulturellen Frieden. Wenn Kinder verschiedener Religionen bereits im frühen Kindesalter so miteinander in Berührung kommen, kann man zuversichtlich sein, dass sie die interreligiösen Brückenbauer der Zukunft sind.

Wie schaffen Sie es, keine Stunde ausfallen zu lassen?

Durch sehr, sehr viele Lehrer. Das ist natürlich entsprechend teuer.

Legen Sie besonderen Wert auf die Auswahl der Lehrer?

Selbstverständlich, aber das ist für eine Privatschule nicht so einfach, denn die meisten Lehrer wollen verbeamtet werden. Über allem steht das Profil der Schule: für jeden, aber nicht für alles. Keine diffuse Multikultischule, sondern ausdrücklich eine jüdische Schule. Es ist schön, wenn unsere Schule ein hohes Niveau an Mathematik, an Deutsch, an Geschichte hat, aber das Herz ist die Vermittlung jüdischen Wissens. Dafür leistet sich die Jüdische Gemeinde eine solche Schule. Jüdisches Wissen weiterzugeben an die jeweils nächste Generation, das ist das Wesen und die Raison d'être einer solchen Schule.

Gelingt das?

Vor einiger Zeit haben wir die Schule evaluieren lassen. Dabei kam heraus, dass sie wunderbar ist in der Vermittlung von Wissen profaner Fächer, in der Art, wie sie auf die Kinder eingeht, auf allen Gebieten – nur in denen nicht, die uns doch eigentlich besonders am Herzen liegen. In der Vermittlung von Religion und von Hebräisch ist sie bei weitem nicht so gut, wie wir uns das wünschen. Das ist allerdings ein Problem, das alle jüdischen Schulen im deutschsprachigen Raum haben. Es ist sehr schwer, gute Religionslehrer zu bekommen. Und geeignete Lehrprogramme auch.

Wie viele Jüdische Gemeinden gibt es in Deutschland?

Unter dem Dach des Zentralrates 106, darunter aber auch sehr kleine. Die Frankfurter zählt mit knapp 7000 Mitgliedern zu den größeren, aber das ist wenig, verglichen mit den 30.000 vor der Nazizeit. Durch den Zuzug aus der ehemaligen Sowjetunion zu Beginn der neunziger Jahre hat sich sehr viel geändert. Vor allem in Ostdeutschland sind Gemeinden neu in Orten entstanden, wo es sechzig oder siebzig Jahre lang überhaupt kein jüdisches Leben mehr gegeben hatte und die so lange »weiße Flecken« auf der jüdischen Landkarte gewesen waren. Schön, dass sich das geändert hat!

Wie hat der Zuzug aus Osteuropa die Jüdischen Gemeinden verändert?

Ich nenne es eine rasante, eine radikale, eine durchaus revolutionäre Veränderung. Schon die Zahlen sprechen für sich: Neunzig Prozent unserer Mitglieder sind in den letzten 25 Jahren aus der ehemaligen Sowjetunion zu uns gekommen, ich wiederhole: neunzig Prozent! Nur zehn Prozent waren vorher schon da. Das ist doch ein bemerkenswertes und kurioses Zahlenverhältnis. Frankfurt ist dabei die einzige Jüdische Gemeinde, in der der Anteil der Zugezogenen nicht so hoch ist. Das hat mit dem sogenannten »Königsteiner Schlüssel« zu tun, nach dem die Zugewanderten seinerzeit auf die einzelnen Gemeinden verteilt wurden. Frankfurt hatte schon immer einen höheren Zuwanderer-Anteil, deshalb kamen vergleichsweise weniger hierher, ich schätze etwa fünfzig Prozent der Mitglieder in Frankfurt sind »Neue«. Wenn, aufs Ganze gesehen, zehn Prozent sogenannte »Alteingesessene« neunzig Prozent Neuankömmlinge »integrieren« sollen, dann ist das schon eine stramme und anspruchsvolle Leistung, auf die der Begriff »Integration« natürlich schon gar nicht mehr richtig passt.

Wie wurde das geschafft?

Durch eine herzliche, warme und offene Willkommenskultur. Wenn ich das oft wehleidige Jammern über Integrationsprobleme in Deutschland höre, kann ich daher oft nur lächeln. Denn während andere über Integrationsprobleme leidenschaftlich debattieren, machen wir Integration, wir leben sie und leben sie sogar dabei auch ein Stück vor. Und das sogar im Verhältnis 10 zu 90! Das soll uns erst einmal jemand nachmachen. Und alles zusammengenommen, gelingt uns diese Integrationsleistung auch, wenn auch zugegeben mit Unebenheiten und Unvollkommenheiten.

Dass wir unsere »Neuen« aufnehmen mit offenen Armen und mit warmen Herzen, das war mir immer persönlich ganz wichtig. Ich stamme ja selbst aus einer Familie aus Polen, und ich weiß, wie hochmütig das deutsche Judentum ganz früher einmal auf die sogenannten »Ostjuden« herabgeblickt hat. Es gab zu Ende des 19. Jahrhunderts und dann noch einmal in den zwanziger Jahren eine Auswanderungswelle von Ostjuden nach Deutschland, und sie wurden hier ganz und gar nicht willkommen geheißen. Die deutschen Juden schämten sich fast und sagten etwa, »die Neuen« sprächen gar kein richtiges Deutsch, hätten keine Kultur und gehörten gar nicht hierher. Valentin Senger hat auf bewegende Weise in seinen Büchern beschrieben, wie seine Eltern, die aus Osteuropa kamen, in der Frankfurter Jüdischen Gemeinde damals nicht wählen, nicht dem jüdischen Sportverein beitreten durften und wie ihm sogar der jüdische Jugendverein versperrt blieb. Dieser Hochmut des deutschen Judentums damals gegenüber den »Ostjuden« war eine Schande. Und noch schändlicher war: Sogar noch nach der Nazizeit hatte sich daran nicht so viel geändert. Ich selbst habe noch in den fünfziger Jahren erlebt, wie die wenigen »deutschen« Juden die vielen »Ostjuden«, wie meine Eltern und ihre Freunde, zu oft mit deutlicher Herablassung und Missachtung behandelten.

> *Die Zuwanderung aus Osteuropa hat das Judentum in Deutschland historisch gerettet.*

Was konnten Sie persönlich tun?

Als jetzt die Zuwanderer aus der ehemaligen Sowjetunion zu uns kamen, sagte ich mir, ja: da schwor ich mir, die Fehler der Vergangenheit dürfen wir auf gar keinen Fall heute wiederholen. Deshalb habe ich mich vom ersten Moment an dafür eingesetzt, dass die Neuankömmlinge mit offenen Armen empfangen wurden. Mit Herzlichkeit und mit einem Lächeln. Es gibt hier in Frankfurt den sogenannten jüdischen Flüchtlingsverband, der sich schon nach dem Einmarsch der Russen in Ungarn 1956 um die jüdischen Flüchtlinge kümmerte, er wurde nun der Kristallisationspunkt für die Zuwanderer aus Russland und aus der Ukraine. Ich war dort lange Vorsitzender und versuchte auf unsere neuen Mitglieder zuzugehen und ihnen das Gefühl zu geben: Sie sind willkommen, und wir wollen das Vertrauen, das sie in uns setzen, indem sie uns ihre Zukunft anvertrauen, würdigen und nicht enttäuschen. Auch wenn ich leider kein Russisch spreche, so haben wir uns doch immer schnell verständigen können. Denn manchmal bedarf es gar keiner Worte, um Freundschaften zu begründen.

Wann begann die Zuwanderung?

Im Jahr 1989. Das war eine große Leistung von Helmut Kohl und von Wolfgang Schäuble, der damals Innenminister war. Ich bin sicher, dass diese Zuwanderung das Judentum in Deutschland nicht nur in epochaler Weise gestärkt hat, sie hat das Judentum hierzulande historisch vielleicht wirklich gerettet.

Welche Haltungen und Erfahrungen brachten die Zuwanderer mit?

Sie haben eine ganz andere Sozialisation erfahren. Sie waren zwar weit überdurchschnittlich akademisch gebildet. Aber sie waren, generalisierend gesagt, religiös oft weder bewandert noch besonders interessiert. Sie waren aufgewachsen in einem atheistischen System, das religionsfeindlich war und judenfeindlich obendrein. Das bringt nicht nur ein Nichtwissen in religiösen Fragen mit sich, sondern oft sogar eine Ablehnung alles Religiösen. Weil sie aus einem totalitären System kamen, waren ihnen oft auch demokratische Strukturen nicht immer sofort vertraut. Was ich aber als ganz neu erlebte, war die Einstellung der Zuwanderer gegenüber der jüngeren Geschichte. Wir Juden hier haben uns ja meist nur als Opfer gesehen. Nun kamen Juden, die das plötzlich ganz anders sahen. Sie verstehen sich als Sieger des Zweiten Weltkriegs. Sie sagen stolz: »Wir haben gewonnen. Wir haben den Faschismus besiegt.« Das ist eine ganz andere Art, über die Nazizeit zu denken, die uns am Anfang ziemlich verblüfft hat. Obwohl im Grunde genommen diese Aussagen für »unsere beiden« Seiten gilt, sie sind sogar bis aufs Engste miteinander verbunden: Wir hier haben gewonnen, weil wir immerhin noch »da« sind. Und dieses »Da-Sein« haben wir doch gerade auch dem Sieg der Alliierten zu verdanken. Dennoch, wenn wir über die Nazizeit sprachen, weinten unsere Herzen doch immer. Die Zuwanderer sagten aber: »Ja, bei uns war es auch schlimm, auch wir haben Opa, Onkel oder Vater verloren, aber am Ende haben wir doch gewonnen.« Und während wir den 9. November als Gedenktag begehen, feiern sie den 8. Mai. Da kommen die älteren Herren, kiloweise mit Orden beladen, und schmettern patriotische russische Gedichte und Lieder. Es ist eine feierliche, beschwingte, fröhliche Stimmung, das kannten wir hier bisher überhaupt gar nicht. Aber diese Perspektive bereichert uns doch sehr und hilft sicherlich bei der Stärkung des neuen jüdischen Selbstbewusstseins.

Wie konnten Sie ihnen konkret helfen?

Die Jüdische Gemeinde ist nicht das Sozialamt. Wir konnten ihnen keine Wohnung geben, wir können auch kein Geld in Mengen verteilen. Die Frankfurter Jüdische Gemeinde konnte wenigstens ab und an mit einem Taschengeld helfen, andere Gemeinden können nicht einmal das. In erster Linie ging es etwa um Beratung bei der Krankenversicherung, um Begleitung zum Sozialamt und um Sprachkurse. Noch wichtiger als das Materielle war allerdings immer die emotionale Zuwendung, der Beistand gegen das Alleinsein. Ich habe die Zuwanderer immer sehr bewundert. Sie kamen in ein Land, dessen Sprache sie nicht verstanden, dessen Kultur ihnen fremd war, sie mussten sich nicht nur in die deutsche Gesellschaft integrieren, die so ganz anders war als die sowjetische, sondern auch noch in den Mikrokosmos der jüdischen Gemeinschaft, was ihnen auch vollkommen fremd war. Und dass sie gerade nach Deutschland kamen, ist, glaube ich, das größte Kompliment, das man dem Land und den Menschen hier überhaupt machen kann. Es bedeutet schließlich: Ich glaube an dieses Land und gestalte eine jüdische Zukunft in diesem Land. Für meine Kinder und Kindeskinder. Eine schönere Vertrauenserklärung kann man doch den Menschen hier gar nicht mehr aussprechen.

Wie gut gelang der Berufseinstieg?

Schwer. Es lag daran, dass viele Berufsabschlüsse hier gar nicht anerkannt wurden – ein Handicap, das viele Zuwanderer spürten. Alle wollten arbeiten, niemand wollte dem Staat auf der Tasche liegen, aber viele mussten ein paar Stufen unter ihrer Qualifikation arbeiten: Ärzte als Krankenpfleger, Ingenieure als Hausmeister, damit sie überhaupt etwas zu tun hatten. Es soll in Zukunft jetzt leichter werden, aber für eine ganze Generation von unseren Zuwanderern kommt es zu spät. Zwei, drei Jahrzehnte lang schoben es die Bundesregierungen auf die Länder und die Länder wiederum oft auf die Industrie- und Handelskammern. Deswegen geschah zu lange nichts.

Ist der Zuzug abgeschlossen?

Im Wesentlichen wohl ja. Das hat mit strikteren Zuwanderungsregeln zu tun, aber vor allem damit, dass der Auswanderungsdruck so sehr nachgelassen hat. Zum Glück geht es auch den jüdischen Menschen heute in Russland viel besser als vor zwanzig Jahren. Es geht wirtschaftlich besser, und sie können jedenfalls in Moskau und St. Petersburg jüdisches Leben ungehindert und frei leben. Aktuell macht uns gerade die Lage in der Ukraine Sorgen. Ob die jüdischen Menschen dort sicher sein können, ist im Moment eine ganz offene Frage. Und gar nicht zu billigen ist aus unserer Sicht, dass dort im Moment eine durch und durch antisemitische und faschistische Partei, die Swoboda-Partei, an der Regierung beteiligt ist.

Kennen Sie Fälle, in denen Zuwanderer hier so wenig Fuß fassten, dass sie zurückgingen?

Ich kenne keinen. Es gibt wohl vereinzelt Rückwanderungen aus Israel, aber ich persönlich kenne niemanden.

Können Sie von hier aus Versuche unterstützen, das verschüttete jüdische Leben in Russland oder in der Ukraine wiederzubeleben?

Das übersteigt ganz sicher unsere Möglichkeiten. Zumal die Lage in der Ukraine angesichts der dramatischen Veränderungen in diesem Moment etwa für uns auch ziemlich unübersichtlich ist. Juden sind dort auf vielfältige Weise politisch engagiert. In einer Zeit von revolutionären Umwälzungen sind Juden natürlich auch immer in Gefahr, zwischen die Fronten zu geraten oder als Sündenböcke benutzt und instrumentalisiert zu werden. Das macht uns Sorgen. Zumal viele unserer Zuwanderer aus der Ukraine kommen und dort noch zahlreiche Verwandte und Freunde haben. Natürlich sind wir immer mit den jeweiligen Zentralräten dieser Länder in engem Kontakt und tauschen uns regelmäßig aus.

Dass wir als das »Volk des Buches« gelten oder galten, kann ich bei unseren Lesungen nicht immer feststellen.

Wir sind auch stets sehr aufmerksam, wenn es um die Gefährdung jüdischen Lebens in Osteuropa geht, und da versuchen wir politisch zu helfen, soweit wir nur können. Nehmen Sie die Lage in Ungarn, wo die dortige Regierung viel zu sehr den schlimmsten Judenfeinden oft das Feld überlässt und wo wir zeigen: Wer mit dem Antisemitismus flirtet, hat schon verloren und muss damit rechnen, dass wir energisch dagegenhalten. Dem schauen und hauen wir auf die Finger. Gerade deshalb war es doch auch so wichtig, dass der World Jewish Congress im Frühjahr 2013 seine Tagung nach Budapest verlegte, um das Scheinwerferlicht der Öffentlichkeit auf die Lässigkeit und Nachlässigkeit der ungarischen Regierung mit dem Thema Antisemitismus zu lenken. Noch niemals wie in jenen Tagen ist in der Welt so viel über den Antisemitismus in Ungarn berichtet worden – gut so! Und wenn, wie im Sommer 2013, plötzlich die Shechita, das rituelle Schächten in Polen, verboten wird, teilweise auch mit mehr als hässlichen Untertönen, so haben wir uns auch da energisch engagiert.

Zurück zur Jüdischen Gemeinde Frankfurt. Sie erwähnten, dass sie sehr erfolgreiche kulturelle Veranstaltungen biete. Was gibt es außer Lesungen?

»Außer Lesungen« ist gut gesagt, es sind doch ganz besonders die Lesungen! Wir versuchen, viel Kultur mit wenig Geld zu machen, ich bin ja auch Kulturdezernent, seitdem Michel Friedman dieses Amt aufgegeben hat. Wir bieten – das kann ich wohl sagen – mit die allerbesten Lesungen in der Stadt. Und bemerkenswerterweise sind 95 Prozent der Zuhörer gar nicht jüdisch, was zeigt, dass wir hier etwas für die ganze Stadt bieten. Dass wir Juden als das »Volk des Buches« gelten oder galten, kann ich allerdings bei unseren Lesungen nicht immer feststellen. Selbst wenn wir ganz bewusst jüdische Autoren einladen, ist die jüdische Präsenz nicht gerade besonders hoch. Außer den Lesungen richten wir jedes Jahr die »Jüdische Kulturwoche« aus. Dafür bekommen wir von der Stadt Frankfurt einen Zuschuss von 30.000 Euro. Das ist sehr schön, aber die Jüdische Gemeinde in Berlin bekommt für ihre Kulturwoche rund 300.000 Euro, ohne dass ich spontan sehen kann, dass das Programm dort immer zehnmal besser ist als unseres.

Das Geld kommt über den Länderfinanzausgleich ohnehin aus Hessen.

Das außerdem: Hessen macht Berlin also sexy! Mit wenigen Mitteln etwas Vernünftiges auf die Beine zu stellen ist eben auch eine Kunst.

Wie verlief eigentlich Ihre »Karriere« in der Jüdischen Gemeinde?

Ich kam 1995 in den Gemeinderat und bin gleich in der allerersten Sitzung in den fünfköpfigen Vorstand gewählt worden.

Das ist ungewöhnlich schnell, oder?

Normalerweise muss man sich schon jahrelang hocharbeiten. Im Vorstand übergab Ignatz Bubis mir dann gleich sein »heiliges« Finanzressort. Gleichzeitig wurde ich Schul- und Kindergartendezernent.

Wer waren zu diesem Zeitpunkt die anderen vier Vorstandsmitglieder?

Ignatz Bubis, Salomon Korn, Leo Latasch und Michel Friedman.

In welchem Zustand fanden Sie die Gemeindefinanzen vor?

Die Jüdische Gemeinde in Frankfurt war hoch, hoch verschuldet; sie befand sich in einer finanziell katastrophalen Lage. Wir hatten – die Hypothekenschulden, die auf Grundstücken lagen, noch gar nicht mitgerechnet – laufende Schulden von rund 25 Millionen D-Mark. Manchmal musste ich mir Gedanken machen, wie wir im kommenden Monat die Gehälter zahlen sollten. Die Banken stellten kritische Fragen.

Was sagte Ignatz Bubis zu dieser Situation?

Er war sonderbar unbekümmert. Er sagte immer: »Eine Jüdische Gemeinde geht nicht pleite.«

Hat er, wenn er das sagte, auf staatliche Hilfe gesetzt?

Eben gerade nicht. Das hätte er ja machen können. Er hatte ja in Deutschland – und in Frankfurt sowieso – einen sagenhaften Ruf. Der Bundespräsident veranstaltete Essen für ihn, er war selbst ja auch wochenlang als Kandidat für das Amt des Bundespräsidenten im Gespräch. Kurzum, er hätte kraft seines Ansehens sicherlich erfolgreich um staatliche Hilfe werben können. Aber er tat das nicht. Ich denke inzwischen: Nach allem, was er selbst erlebt hatte, wollte er vielleicht in der Politik nicht als »Bittsteller« auftreten, möglicherweise hatte er da eine emotionale Sperre. Aber hier spekuliere ich. Ich habe ihn niemals darauf angesprochen.

Auf wen vertraute er denn dann, wenn er meinte, eine Jüdische Gemeinde gehe nicht bankrott?

Ich weiß es nicht. Ich glaube auch gar nicht, dass diese Haltung immer so schrecklich reflektiert war. Es kam ja kurz vor seinem Tod auch die Diskussion um das Philanthropin auf. Wie Sie wissen, war das Philanthropin einst die größte jüdische Schule in Deutschland, ehe die Nazis es 1942 schlossen. Nun befand sich in dem Gebäude in der Hebelstraße ein Bürgerhaus. Es sollte geschlossen werden, und man kam auf die Idee, dort wieder eine jüdische Schule zu eröffnen. Ich bin mit Ignatz Bubis damals zum hessischen Ministerpräsidenten nach Wiesbaden gefahren. Wir haben lange über das Projekt gesprochen. Aber Bubis kam dabei niemals auf Geld zu sprechen. Ich fragte hinterher: »Warum hast du nicht die Finanzierung angesprochen? Wie soll das denn bezahlt werden? Wir haben doch nur Schulden!« Er hat nur geantwortet: »Das wird schon gehen.« Er hatte, wie ich später erfuhr, eine solche Strategie des Wird-schon-Gehen auch beim Bau des Jüdischen Gemeindezentrums angewendet, das war auch nicht durchfinanziert, als man mit dem Bauen begann.

Was ist eigentlich, neben staatlicher Hilfe, die Einnahmequelle einer Jüdischen Gemeinde?

Die Gemeindesteuern, also analog zur Kirchen- die Synagogensteuer. Sie wird wie die Kirchensteuer vom Staat eingezogen und beträgt neun Prozent der Lohn- oder Einkommensteuer. Diese Synagogensteuer ist in Frankfurt ein sehr hoher Einnahmeposten, keine andere jüdische Gemeinde in Deutschland hat auch nur annähernd so hohe Einnahmen. Obwohl die in Berlin und München größer sind als wir, haben wir in Frankfurt drei- bis viermal so hohe Steuereinnahmen.

Gibt es einen internen Finanzausgleich zwischen den Gemeinden?

Nein, gar nicht.

Sind die Frankfurter Juden so viel reicher als die Münchener oder Berliner?

Nein. Sicher nicht. Die meisten Mitglieder unserer Gemeinde sind doch das Gegenteil von wohlhabend. Unsere hohen Einnahmen liegen eventuell auch an unserer Konsequenz. Andere Gemeinden haben mit sehr wohlhabenden Mitgliedern gelegentlich Sonderregelungen getroffen. Da zahlen die Mitglieder manchmal Pauschalbeträge statt der neun Prozent. Darauf haben wir uns nie eingelassen. Wir haben immer gesagt: Wer reich ist, zahlt auch mehr, es ist also auch für die sehr Begüterten immer bei neun Prozent geblieben. Nicht eine einzige Ausnahme habe ich zugelassen. Viele sind mir angetragen worden, auch mit Drohungen, die Gemeinde notfalls zu verlassen. Nur Einzelne haben im Laufe der Jahre die Gemeinde tatsächlich aus diesem Grund verlassen, alle anderen sind geblieben und zahlen neun Prozent.

Ihre Leistung als Finanzdezernent besteht vor allem darin, die Bubis'sche Zurückhaltung aufzugeben und die öffentliche Hand in die Pflicht zu nehmen?

Ja, aber natürlich auch, selbst vernünftig zu wirtschaften. Es gehört ja beides zusammen. Man kann keinen Dritten überzeugen, einem Geld zu geben, wenn man nicht zeigt, dass man zuerst selbst pfleglich mit dem Geld umgeht. Und das tun wir. Seit mehr als zehn Jahren haben wir ausgeglichene Haushalte.

Können Sie sagen, wie viel Prozent durch Steuereinnahmen und durch öffentliche Unterstützung eingehen?

Wenn ich alles zusammenzähle, überwiegen die staatlichen Gelder die Steuereinnahmen. Aber ich habe auch gar keine Skrupel, an staatliche Stellen heranzutreten. Ich hatte sie weder in Frankfurt noch später in Berlin, als es um den Staatsvertrag mit dem Zentralrat der Juden ging. Wenn man für sich privat, Gott bewahre, sammeln müsste, wäre das demütigend. Aber hier führe ich mir immer doch den historischen Zusammenhang vor Augen. Wir wissen gerade in Frankfurt, wie reich diese Gemeinde vor dem Zweiten Weltkrieg war. Wir wissen, was die Gemeindemitglieder für die Allgemeinheit gespendet haben, Krankenhäuser, Museen, Parkanlagen, die Frankfurter Goethe-Universität ist eigentlich sogar eine jüdische Stiftungsuniversität, 40 jüdische Stiftungen haben im Wesentlichen diese Uni seinerzeit begründet. Durch die Schoa, durch die Arisierungen ist das jüdische Kapital untergegangen, mindestens drei Viertel (oder vier Fünftel) sind für immer verlorengegangen. Die Konsequenz ist bis heute, dass wir lauter jüdische Gemeinden in Deutschland haben, die eigentlich arm oder bettelarm sind. Deshalb sind sie angewiesen auf staatliche Zuschüsse. Die Frankfurter Jüdische Gemeinde bekam vor der NS-Zeit keine staatlichen Zuschüsse, weil sie sie nicht brauchte.

Die Armut von heute hat mit der Beraubung von früher zu tun. Deswegen habe ich keine Gewissensbisse, wenn ich um Subventionen bitte.

Die Armut von heute hat mit der Beraubung von früher zu tun. Deswegen habe ich so gar keine Gewissensbisse, wenn ich heute um Subventionen bitte.

Wieder zurück zu den Schulden: 1995 sind Sie Finanzdezernent, sitzen auf 25 Millionen Mark Schulden, die aber nur die Spitze des Eisbergs darstellen. Wie gehen Sie vor?

Mit einer Doppelstrategie: Sparen und Inanspruchnahme der öffentlichen Hand. Zunächst haben wir natürlich selbst unsere Hausaufgaben gemacht und Ausgaben gekürzt. Die Erziehungsberatungsstelle, eine unserer großen Abteilungen, haben wir aufgelöst. Das hat viel Geschrei gegeben, aber es ging leider nicht anders.

Sie haben die Erziehungsberatung mit dem Argument eingestellt, dass man sich solchen Rat auch woanders holen kann?

Auch das. Aber auch mit dem Argument, dass wir uns die 400.000 Mark, die uns diese Einrichtung kostete, damals einfach nicht leisten konnten. Wer spart, muss weh tun. Auch an anderer Stelle haben wir Einschnitte gemacht. In einem Gespräch mit Ministerpräsident Roland Koch, der damals frisch im Amt war, und der Frankfurter Oberbürgermeisterin Petra Roth legten wir unsere Situation offen. Koch war ein außergewöhnlich kluger Kopf, der mich beeindruckt hat. Er sagte, wenn wir Hilfe in Anspruch nehmen wollten, müsste erst einmal ein Wirtschaftsprüfungsunternehmen unsere Finanzen und unsere Strukturen überprüfen. Ich habe gesagt: »Gut, aber wir können ein solches Gutachten bestimmt nicht bezahlen.« Es sollte 50.000 Mark kosten, das weiß ich noch. Koch sagte: »Gut, dann zahlen wir.«

Zu welchem Ergebnis kam das Gutachten?

Die Wirtschaftsprüfer haben überhaupt nichts Substanzielles gefunden, das gegen uns sprach. Und auf die Frage »Warum geben Sie denn so viel Geld für Rabbiner aus?« habe ich geantwortet: »Dann besorgen Sie uns gern billigere.« Das ist ein ziemlich enger Markt in Deutschland. Rabbiner, die bereit sind, nach Deutschland zu kommen und die deutsche Sprache beherrschen, gibt es nicht so viele.

Eine jüdische Schule ist ein Bekenntnis in Steinen zu Deutschland.

Auch Kantoren gibt es nicht in rauen Mengen. Es kam dann zu einer dramatischen Nachtsitzung im Rathaus Römer, in der wir über das dicke Gutachten und über das Philanthropin sprachen.

Wer nahm teil?

Roland Koch, Petra Roth, der hessische Finanzminister Karl Heinz Weimar, der Frankfurter Finanzdezernent Albrecht Glaser und der Vorstand der Jüdischen Gemeinde.

Koch hatte das ganze Gutachten im Kopf. Er kannte das Budget der Jüdischen Gemeinde nicht sehr viel schlechter als ich. Irgendwann gab es eine Pause, Koch und Roth zogen sich zurück. Danach sagten sie, sie würden uns bei den Finanzen helfen, mit Krediten und erhöhten Zuschüssen, aber auf die Schule im Philanthropin sollten wir verzichten. Aber wir haben gesagt: »Wir gehen hier nicht raus und verzichten auf die Schule. Wie sollen wir das unseren Leuten erklären? Eine Gemeinde braucht auch eine Vision, etwas, woran wir uns aufrichten können, etwas, was uns die Zukunft sichert und eine neue Perspektive eröffnet.« Am Ende einer langen Nacht kam dann beides heraus: die Schule und eine deutlich angehobene Subventionierung durch Stadt, Land und ein besonderes gemeinsames Konstrukt aus Stadt und Land.

Was war das ausschlaggebende Argument für die Schule?

Schule ist Zukunft. Wer hier eine eigene Schule gründet, der will bleiben. Und will, dass auch jene bleiben, die einmal nach uns kommen. Eine jüdische Schule in Frankfurt drückt aus: Nicht nur meine Generation will bleiben, sondern auch unsere Kinder und Kindeskinder wollen es. Mit anderen Worten: Eine jüdische Schule ist ein Bekenntnis in Steinen zu Deutschland. 1995 war ich Schuldezernent geworden, 2006 ist die Lichtigfeldschule in das Gebäude des ehemaligen Philanthropin eingezogen, das war schon eine lange Strecke. Die neue Schule war übrigens auch in der Jüdischen Gemeinde damals gar nicht unumstritten, weil einige argumentierten, eine jüdische Schule sei eine Art Ghetto, in das wir uns selbst einmauerten.

Die Schule ist ein Erfolg geworden?

Ja, sie ist sehr populär. Inzwischen hat sie freilich Konkurrenz durch immer mehr private Schulen bekommen. Wir haben 430 Schülerinnen und Schüler in einer Grundschule und einem Gymnasialzweig bis zur neunten Klasse.

Wie viele Schüler sind nichtjüdisch?

Etwa ein Drittel.

Was kostet das Schulgeld?

Einschließlich Mittagessen etwa 400 bis 500 Euro. Andere Privatschulen sind teurer, teilweise ganz wesentlich teurer. Die Gemeinde subventioniert die Schule mit drei Millionen Euro pro Jahr. Aber auch aus gutem Grund, denn die Schule ist diejenige Institution, über die wir unsere Mitglieder am intensivsten erreichen. Rund sechzig Prozent der jüdischen Kinder eines Jahrgangs besuchen die Schule. Man muss aber immer dafür kämpfen, dass es auch so bleibt.

Sind jüdische Eltern für ihre Kinder ehrgeiziger als andere?

Es kommt mir manchmal so vor, ja. Ich war ja sechzehn Jahre Schuldezernent. Und das von ganzem Herzen gerne. Das Anstrengende in dieser Zeit waren sicher nicht die Kinder, sondern manchmal die Eltern. Besonders natürlich jüdische Mütter! Aber ich selbst war auch, als meine Kinder die Schule besuchten, ein anspruchsvoller, fordernder Vater, so einer von der Sorte, den ich mir als Schuldezernent sicher nicht gewünscht hätte. Ich habe in den sechzehn Jahren endlose Sitzungen mit – in der Regel – Schulelternbeirätinnen erlebt, ich kenne alle ihre Argumente auswendig. Aber obwohl das oft anstrengend war, muss ich sagen, dass unsere Eltern immer extrem engagiert sind und sich für die Schule und die Kinder buchstäblich zerreißen. Wenn es mal Probleme gab, waren die Eltern immer bereit, alle Probleme engagiert und solidarisch mitzutragen. Ich habe diese Leidenschaft immer sehr geschätzt. Und ehrlich gesagt, tat es mir im Herzen weh, als ich dieses Dezernat abgegeben habe.

Sie erwähnten Michel Friedman, der – unter anderem – auch Kulturdezernent in der Jüdischen Gemeinde war. Wie lange kennen Sie ihn?

Sehr, sehr lange. Er ist ein Freund von mir.

Wie haben Sie seinen Sturz erlebt?

Es war 2003, ich erinnere mich noch ganz genau. Ich hatte eine Rede zur Verabschiedung jüdischer Gäste im Kaisersaal des Frankfurter Rathauses gehalten und hörte auf der Fahrt nach Hause im Autoradio Nachrichten. Nüchtern wurde gemeldet: Hausdurchsuchung bei Michel Friedman, Drogen seien sichergestellt worden. Ich war perplex, und in dem Moment wusste ich, dass Michel Friedman Schreckliches widerfahren war. Das hat mich sehr mitgenommen, denn man muss sich vor Augen halten, dass die Fallhöhe enorm hoch war. Der Michel Friedman, der dann wochenlang durch die Zeitungen getrieben wurde, war wenige Tage zuvor noch zur Privataudienz beim Papst gewesen.

Ohne Michel Friedmans Rat säße ich Ihnen heute nicht gegenüber.

Wiederum wenige Tage zuvor hatten in Warschau bei einer großen Veranstaltung zum Jahrestag des Warschauer Ghettos drei Redner gesprochen: der polnische Staatspräsident Kwasniewski, der deutsche Bundespräsident Johannes Rau – und Michel Friedman. Und jetzt die Hausdurchsuchung, alles bricht plötzlich brutal zusammen.

Hatten Sie Mitleid mit ihm?

Sehr sogar. Vier Tage danach sollte er in Frankfurt einen Preis an Amos Oz verleihen, das habe ich ihm abgenommen. Und ich sagte gleich zu Beginn der Veranstaltung öffentlich, dass in diesen Tagen unsere Herzen und unsere Gedanken bei Michel Friedman sind. In den Wochen darauf habe ich auch sehr viel mit ihm telefoniert, er war damals nicht in Frankfurt, sondern bei Freunden untergekommen.

War Ihnen klar, dass er seine Ämter würde aufgeben müssen?

Ich persönlich hätte mir damals einen anderen Ausgang gewünscht. Er hatte zwanzig Jahre für die Jüdische Gemeinde sehr hart gearbeitet und sich mehr Solidarität gewünscht – und ich ihm auch. Ich kenne ihn sehr gut, ich kenne alle Vorurteile gegen ihn, jeder Mensch hat verschiedene Seiten. Aber er war ganz gewiss einer der besten Redner deutscher Sprache und ein scharfzüngiger Vertreter der jüdischen Sache. Natürlich auch ein Paradiesvogel, ein Sonnyboy, wenn man so will, aber ich habe ihm persönlich an zwei Weggabelungen meines Lebens auch sehr viel zu verdanken.

Welche waren das?

Ohne Michel Friedmans Rat säße ich Ihnen heute nicht gegenüber. Die erste Situation ergab sich 1995, als ich in den Gemeinderat der Jüdischen Gemeinde Frankfurt gewählt wurde.

Jeder soll auf seine Art jüdisch und glücklich sein.

Da ist es, wie schon erwähnt, nicht üblich, dass man auch gleich in den Vorstand kommt. Üblicherweise schaut man sich den »Neuen« zumindest drei Jahre lang an, und wenn er in der Fraktion oder im Gemeinderat – dem Parlament, das sich jeden Monat trifft – häufiger mal etwas Vernünftiges sagt, hat er vielleicht die Chance, einmal in den fünfköpfigen Vorstand gewählt zu werden. Bei mir war es so, dass ich gleich reinkam, obwohl ich gar nicht unbedingt die Absicht hatte. Friedman, aber auch Ignatz Bubis und Salomon Korn bedrängten mich allerdings, und zwar nicht vorher, sondern an dem Tag, an dem ich in den Gemeinderat kam. Hätte ich ihrem Drängen nicht nachgegeben, wäre vieles anders gelaufen.

Welcher Fraktion gehören Sie an?

Der sogenannten Bubis-Fraktion. Weil wir seit gut zwanzig Jahren immer ganz große Mehrheiten haben, überspitzt gesagt: fast »SED-Verhältnisse«, ist es in Frankfurt auch so ruhig. Das führt dazu, dass wir ganz vernünftige Arbeit machen können, heißt aber auch, dass wir viel mehr intern arbeiten und die Truppe zusammenhalten müssen, als wenn es eine starke Opposition gäbe. Es ist aber auch eine Gruppe, die sich immer wieder selbst ein Stück erneuert.

Wie beschreiben Sie die Linie Ihrer Fraktion?

Ach, bei uns gibt es ja keine ideologischen Differenzen. Wir wollen die Jüdische Gemeinde vernünftig entwickeln, das ist die politische Architektur von Ignatz Bubis, die wir weiterführen. Liberalität und der Wille, Konflikte, die es überall gibt, vernünftig auszutarieren, sind die großen Stärken der Frankfurter Gemeinde. Als Konflikte in der jüdischen Gemeinschaft früher aufkamen zwischen »Traditionellen« und »Progressiven«, sagte Bubis schon ganz früh: »Wenn in Frankfurt andere anders denken und anders beten wollen, bekommen sie einen Raum, bekommen sie Geld, bei uns soll jeder glücklich sein können.« Das gab es in anderen Gemeinden überhaupt nicht. Deshalb kam es in Frankfurt auch nie zu diesen Konflikten, und ich habe es später auf den Zentralrat übertragen, andernfalls gäbe es längst zwei, drei oder vier Zentralräte. Jeder soll auf seine Art jüdisch und glücklich sein, das ist das Entscheidende. Diese Vielfalt, und das sehe ich ja jetzt auf bundesweiter Ebene, bereichert und stärkt uns. Ich habe immer wieder gesagt: Die Pluralität ist die neue jüdische Normalität – und das ist gut so.

Wann kam die zweite Situation, in der Sie auf Friedman hörten?

Nach Ignatz Bubis' Tod im Jahre 1999 wurde ein Platz im Direktorium des Zentralrates frei. Die Frankfurter Jüdische

Gemeinde schickt traditionellerweise zwei Mitglieder in das Direktorium, das waren damals Bubis und Friedman. Das Direktorium wählt, vereinfacht gesagt, das neunköpfige Präsidium des Zentralrates, das wiederum aus seinen Reihen den Präsidenten und den Vizepräsidenten beruft. Die Frage ergab sich, ob ich den freien Platz im Direktorium einnehmen solle. Eigentlich war ich gar nicht so schrecklich wild und versessen darauf. Da lud mich Friedman zum Kaffee in die Freßgass' ein, vier seiner Bodyguards um uns herum – auch eine Erfahrung, die mich zu der Überzeugung brachte: »So willst du nie leben«. Friedman sprach eine halbe Stunde auf mich ein, das vergesse ich nie, mit seinem glasklaren analytischen Verstand. Er sagte: »Weißt du, du hast zwei Möglichkeiten. Du kannst im Vorstand der Frankfurter Jüdischen Gemeinde bleiben, alle lieben dich, du bist einer von fünfzig Vorständen in Deutschland, die ihre Sache ganz gut machen. Du kannst ein ruhiges Leben führen und deine letzten besten Jahre genießen.« Übrigens: Ich war damals 49 Jahre alt! »Wenn du aber auf der nationalen Ebene etwas für die jüdische Sache erreichen willst, dann musst du dich jetzt entscheiden. Was daraus wird, weiß man nicht, aber wenn du es machst, hast du viele Chancen und«, dazu machte er eine große Handbewegung, »dann ist das Ende offen.« Dass es aber dann *so* mit mir enden würde beim Zentralrat – das hat er sich sicher damals auch nicht vorgestellt.

Können Sie Vorbehalte gegenüber Friedman nachvollziehen? Hat Sie nie etwas gestört an ihm?

Doch, natürlich. Wenn man jemanden gut kennt, stört einen vielleicht sogar noch mehr, weil man noch mehr sieht. Aber Freundschaft bedeutet eben auch, den anderen auch mit seinen Fehlern und »Macken« zu akzeptieren. Habe ich denn selbst etwa keine? Michel Friedman hat immer stark polarisiert, ohne Frage. Ich weiß schon, dass er auch Schwächen hat, aber er hat auch enorme Stärken und er hat sich eben enorm eingesetzt. Vor allem ist er sich immer auch absolut treu geblieben.

Welchen Überzeugungen ist er treu geblieben?

Er war CDU-Mitglied, vielleicht wollte er in der Partei auch einmal etwas werden, aber wenn es um die Sache ging, blieb er fest. In Bitburg demonstrierte er gegen den Bundeskanzler und CDU-Vorsitzenden Helmut Kohl. Er erhob seine Stimme gegen den Wahlkämpfer Roland Koch bei der doppelten Staatsbürgerschaft. Er zeigte immer Kante, wenn es um Themen ging, bei denen seine persönliche und jüdische Überzeugung eine Rolle spielte. Da war er alles andere als ein Karrierist, das ist oft gar nicht richtig gewürdigt worden.

Wie hat er selber seinen Sturz verarbeitet?

Diese Frage müssten Sie eigentlich ihm stellen.

Aber Sie sind sein Freund.

Es hat ihn völlig zerrissen. Ich habe es mir so erklärt: Seine Eltern waren gestorben, erst seine Mutter, dann sein Vater. Er hing sehr an seinen Eltern. Er sagte, er sei damit nicht zurechtgekommen, ohne sich in irgendeiner Weise Hilfe zu holen. Er stieg in das Hamsterrad ständiger Termine ein, war ständig unterwegs, um nicht nachdenken zu müssen. Ich meine: Er hat diesem Fall aber letztlich zu verdanken, dass er heute eine wunderbare Familie hat. Manchmal geschehen schreckliche Dinge, die am Ende sogar doch zu etwas Gutem führen.

5 »Dadurch habe ich gelernt, mich zu engagieren«

Der Protest gegen das Fassbinder-Stück

Für den 31. Oktober 1985 plant Intendant Günther Rühle am Schauspiel Frankfurt die offizielle Erstaufführung von Fassbinders Theaterstück »Der Müll, die Stadt und der Tod«. Die Jüdische Gemeinde protestiert und verhindert letztlich gewaltsam die Aufführung.

Hatte Ignatz Bubis sich eigentlich persönlich angegriffen gefühlt?

Ja, und so haben es auch alle verstanden. Wenn Fassbinder in dem Stück über den reichen jüdischen Hausbesitzer sprach, den man hätte vergasen müssen, war Bubis gemeint, und er fühlte sich auch angesprochen.

Das war in der Öffentlichkeit so nicht bekannt.

Ich weiß auch nicht, ob wir es öffentlich damals so ausgesprochen haben, aber wir haben es immer so gesehen, er selbst auch.

Wenn Sie heute den damaligen Kulturdezernenten Hilmar Hoffmann treffen, reden Sie noch darüber?

Nein, es ist ja zu lange her. Herr Hoffmann hatte damals seine Meinung, er stellte die Freiheit der Kunst über alle anderen Überlegungen, wir hatten eine andere Priorität. Unangenehm in Erinnerung geblieben ist mir Günther Rühles damalige Erklärung. Er sagte sinngemäß, unser Protest gegen das Stück sei eine Art »nachgeholten Widerstands der Juden«. Ich fand das eine infame Unterstellung. Sie hat uns alle sehr gekränkt und verletzt.

Sie haben schon bei mehreren Gelegenheiten hervor-

gehoben, dass der Protest gegen das Stück Ihr Leben geändert hat.

Es war mein, es war unser Coming-out. Wir, die jüdische Gemeinschaft, hatten zuvor unauffällig hier gelebt und wollten auch nicht weiter auffallen, aber hier merkten wir, so geht es nicht, hier müssen wir uns wehren. »Steuersätze für Judenhetze«, so habe ich das genannt. Die Kammerspiele, in denen es aufgeführt werden sollte, waren und sind ja Teil der Städtischen Bühnen; jeder weiß, dass solche Bühnen öffentlich hoch subventioniert werden.

Es war für uns alle doch höchst ungewöhnlich, mit gefälschten Eintrittskarten ins Theater zu gehen.

Und nun: steuerlich finanzierter Antisemitismus – nein, das ging nicht, das konnten wir nicht zulassen.

Rechnen Sie es dem damaligen Oberbürgermeister Walter Wallmann an, dass ihm die Sache nahging?

Ich rechne es ihm vor allem an, dass letztlich er verfügte, dass das Stück nicht öffentlich aufgeführt wurde. Und das tat er gegen die Stimmung in der Bevölkerung. Ich fand es sehr mutig, dass er ein Machtwort sprach, dass er die Entscheidung auf sich nahm. Am 9. November, also wenige Tage nachdem wir die Aufführung verhindert hatten, sprach Wallmann in der Synagoge. Wir mochten ihn ja eigentlich alle, er hat auch immer eine besondere Sensibilität für uns Juden gehabt. Aber da, an jenem Abend, traf er auf ein eisiges Publikum. Zwischendurch ist ihm sogar der Lautsprecher als Zeichen des Protests abgedreht worden; ich weiß gar nicht, wer sich das ausgedacht hatte. Aber Wallmann war sehr beherrscht, hat zwei, drei Minuten in die große Synagoge hineingesprochen, ohne gehört zu werden, bis das Mikrofon wieder eingeschaltet wurde. Er hat also diese Situation souverän gemeistert, aber man merkte doch, wie nahe sie ihm ging.

Bubis stand an der Spitze des Protestes?

Ja, aber man muss bedenken, es war zu dem Zeitpunkt noch ein anderer Ignatz Bubis als der, den wir alle in Erinnerung haben. Er war damals noch lange nicht Zentralratspräsident, er war rhetorisch noch bei weitem nicht so geübt wie später. Ich weiß noch, wie ich neben ihm stand nach der Besetzung der Bühne und wie er ganz aufgeregt in die Kamera sprach. Er zitterte, die Stimme war brüchig, er musste sich mehrfach korrigieren. Er war einfach noch lange nicht so souverän wie in späteren Jahren. Sie müssen auch bedenken: Er war ja ein guter deutsch-jüdischer Bürger; es war für ihn und uns alle doch höchst ungewöhnlich, mit gefälschten Eintrittskarten – wir hatten die ja kreativ nachgemacht – ins Theater zu gehen.

6 »Euch hat man vergessen zu vergasen«

Der Konflikt mit dem Deutschen Fußball-Bund

Im Jahr 2000 wurden auf den Fußballplätzen Woche für Woche jüdische Kinder antisemitisch angepöbelt.

Ja, es fielen Sätze wie »Euch hat man vergessen zu vergasen« oder Ausdrücke wie »Saujuden!«.

Waren es Mitspieler oder die Zuschauer?

Hauptsächlich die Zuschauer. Das ging Woche für Woche so, vor allem bei den Jugendmannschaften. Eine unserer Mannschaften hat sich einmal gar nicht mehr aus der Kabine getraut, weil draußen an die Tür gehämmert und gerufen wurde: »Wenn ihr rauskommt, bringen wir euch Saujuden um.« Niemand hat etwas dagegen getan. Und weil das so war, verstärkte sich die Sache nur. Ich war damals Vorsitzender unseres Sportvereins Makkabi Frankfurt. Ich habe Briefe geschrieben an den Hessischen Fußballverband, an den DFB, habe versucht, dort telefonisch durchzukommen, und habe weder eine Antwort noch überhaupt einen Termin bekommen. Es wurde immer heftiger, manchmal mussten wir sogar die Polizei rufen. Dann wusste ich mir gar nicht mehr zu helfen und habe bei der *Frankfurter Rundschau* angerufen. Die Zeitung hat dann nur eine einzige Geschichte im Lokalteil darüber gebracht, allerdings eine ganze Seite.

Und plötzlich wurde es ein Thema.

Genau. Das Fernsehen, *Der Spiegel* stiegen ein, alle haben über das Thema berichtet. Und wie von Zauberhand geführt, meldeten sich dann plötzlich auch der Hessische Fußballverband und der DFB. Aber was ich dann mit diesen Funktionären erlebt habe, das war schon erstaunlich. Mir schlug dort eine solche Welle von Abneigung entgegen, nahezu von Hass, das war schon beinahe körperlich zu spüren. Ein hoher Funktionär begrüßte mich, wollte mit mir unter vier Augen sprechen. Das Erste, was er sagte, war: »Mit euch gibt's doch immer nur Ärger.« Es war furchtbar. Diejenigen, die in den Vereinen Antisemitismus transportierten, die kannten sich alle untereinander, die waren wunderbar vernetzt. Einer kannte den anderen, deckte ihn, verteidigte ihn, verschleierte manchmal sogar die Wahrheit.

Sie fühlten sich hilflos?

Ich habe nicht nachgelassen. In dieser Situation habe ich oft an Ignatz Bubis gedacht, der gesagt hatte, wir müssen Flagge zeigen, wenn wir bedrängt werden. Und ich hatte auch das Gefühl, ich muss mich für unsere Kinder zur Wehr setzen, die waren zwischen elf und fünfzehn. Ich wollte ihnen klarmachen, es ist eben gerade nicht normal, »Saujude« genannt zu werden, es ist nicht normal zu hören »Euch müssen wir vergasen«.

Der öffentliche Druck hat am Ende geholfen?

Ja, denn auch Fußballfunktionäre lesen Zeitung. Und geholfen hat uns vor allem Theo Zwanziger, der damals noch gar nicht DFB-Präsident war und der sich als Schatzmeister um die Sache, wenn man in strengen Zuständigkeiten denkt, gar nicht hätte kümmern müssen. Aber er hat sich eingesetzt und intern für ein Umdenken gesorgt. Als er später DFB-Präsident wurde, hat er sowieso sehr viel für ein neues Bewusstsein getan, hat unter anderem den Julius-Hirsch-Preis ins Leben gerufen, hat die Nazi-Verflechtung des DFB erforschen lassen. Aber mitten in unserem Konflikt war er damals nach meinem Gefühl der Einzige, der mit Wärme und Engagement uns zu verstehen versuchte.

Ist es besser geworden auf den Sportplätzen?

Antisemitische Ausfälle kommen noch immer vor, aber es ist doch deutlich besser geworden. Und der DFB ist heute doch sehr viel sensibler als früher. Das ist doch eine ausgesprochen gute und rundum erfreuliche Entwicklung.

7 »Wenn ich jemandem helfen kann«

Präsident des Zentralrats

Herr Graumann, was an Ihrem Amt als Präsident des Zentralrats der Juden in Deutschland bereitet Ihnen die größte Freude?

Wenn ich einem einzelnen Menschen einmal ganz konkret helfen kann. Das passiert nicht jeden Tag, aber das ist doch das Schönste.

Können Sie ein Beispiel nennen?

Vor einiger Zeit kam eine Frau zu mir, deren Sohn ein Stipendium für sein Medizinstudium brauchte. Das konnte ich ihm vermitteln und helfen. Das war ein Tag, an dem ich einfach glücklich war.

Mit welchem Vorsatz, welchem Programm haben Sie am 28. November 2010 Ihr Amt als Präsident des Zentralrats der Juden in Deutschland angetreten?

Mir schwebte eine Kombination aus Kontinuität und Veränderung vor. Ich war und bin der Überzeugung: Der Zentralrat kann nur bleiben, wie er ist, wenn er sich verändert. Ganz vieles haben wir beim Zentralrat sicher genau richtig gemacht, ich habe ja alles auch mitverantwortet. Manche Dinge haben sich aber vielleicht auch überlebt und bedürfen der Veränderung.

Was meinen Sie damit konkret?

Der Zentralrat muss gewiss auch Kritik üben, das ist klar. Aber er muss sicher nicht *nur* Kritik üben. Diese Rollenfixierung, die andere uns aufgedrängt haben, hat ihm nicht immer gutgetan. Und was die NS-Zeit und den Holocaust angeht: Niemand muss befürchten, dass wir die Vergangenheit jemals vergessen – keine Sorge! Wir haben ja schon, was mich selbst angeht, darüber gesprochen, wie ich über meine Eltern vom Holocaust geprägt bin – viel mehr, als mir oft lieb wäre. Aber eben nicht nur ich bin es, sondern meine ganze Generation und die Generation danach auf andere Weise sogar auch. Aber wir dürfen wiederum auch nicht so tun, als sei ausschließlich die Vergangenheit wichtig. Gerade wegen der Vergangenheit, die wir immer in unserem Herzen tragen werden, müssen wir darauf bedacht sein, in die Zukunft zu schauen, in eine positive, selbstbewusste und sichere Zukunft für das Judentum.

Ein frisches, selbstbewusstes, plurales und vor allem auch ein positives, fröhlicheres Judentum in Deutschland.

Und mir war es bei meinem Amtsantritt wichtig zu zeigen, dass wir diese neue Zukunft sofort selbst gestalten müssen: offensiv, aktiv, kreativ, kommunikativ. Schon gar nicht dürfen wir uns selbst etwa über den Holocaust definieren, so traumatisch er für uns alle gewiss immer bleiben wird. Aber unsere Katastrophe ist nicht das, wofür unser Judentum stehen soll. Das ist der Perspektivwechsel, der mir so am Herzen liegt: dass wir unser Judentum gerade auch anders präsentieren wollen, als es sich hier bei so vielen Menschen in den Köpfen festgesetzt hat – eben gerade nicht nur trübsinnig, traurig, melancholisch und so schrecklich lebensschwer, sondern eben auch temperamentvoll und heiter, dynamisch und begeistert immerzu dem Leben zugewandt. Wir wollen das Judentum auf eine positive Weise präsentieren, wie es eben über Jahrtausende hinweg auch stets gewesen ist. Wir stehen schließlich für eine Tradition, die mehr als 100 Generationen lang jüdische Werte in die Welt getragen hat. Vieles, was heute zur ethischen Grundausstattung der Menschheit gehört, fußt doch ohne Zweifel auf den Traditionen und Geboten des Judentums.

Es gibt Vieles, auf das Sie als Juden stolz sein können?

Aber natürlich, das Judentum hat doch moralische und spirituelle Fundamente gelegt, die bis heute tragen. Auch und nicht zuletzt nicht geringe Teile des Christentums zum Beispiel. Jüdische Kultur, den jüdischen vielfältigen Beitrag, aber auch jüdische Selbstbehauptung im Sturm der Geschichte und so vieles mehr – darauf können wir doch auch stolz sein! Und heute: Wenn, wie erwähnt, zehn Prozent neunzig Prozent erfolgreich »integrieren« – das ist doch wirklich etwas ganz Besonderes. Was wir an Integrationsarbeit für die Juden aus den Ländern der ehemaligen Sowjetunion mit unseren bescheidenen Mitteln leisten, das lässt sich sehen. Solch ein positives Bild von der jüdischen Gemeinschaft auch zu vermitteln, mehr in die Öffentlichkeit zu transportieren, das wünsche ich mir. Das ist auch der neue Ansatz des Zentralrats, der mir selbst doch so wichtig ist: ein frisches, selbstbewusstes, plurales und vor allem auch ein positives, fröhlicheres Judentum in Deutschland.

Gleichwohl liegt es in der Natur der Sache, dass der Zentralrat in aller Regel als Mahner und Kritiker wahrgenommen wird. Und der Grund liegt ja auch auf der Hand. Sie werden von den Journalisten nicht dann angerufen, wenn alle Synagogen gut besucht sind und zahllose russische Juden vorbildlich integriert werden. Sondern wenn ein Kölner Gericht die Beschneidung als Körperverletzung definiert oder wenn Grass ein anfechtbares Gedicht gegen Israel schreibt.

Natürlich wollen und werden wir uns weiter immer engagieren, mit Herz und Leidenschaft, bei Themen, die uns doch am Herzen liegen. Nichts ändert sich jemals daran. Wir sind keine Krawallmacher. Wir suchen keine Konflikte. Vielmehr suchen und finden die Konflikte uns dann schon – und das viel öfter, als uns das lieb wäre. Ich denke oft: Auf die sensible, politisch hellwache Stimme des Zentralrats der Juden kann man in diesem Land offenbar doch noch nicht verzichten. Und, keine Sorge, niemand muss auch auf uns verzichten. Mit uns ist auch in Zukunft definitiv zu rechnen! Freilich hat sich auch so manches Schreibmuster in der Öffentlichkeit inzwischen tief eingefressen und ist mittlerweile fast schon automatisiert. Übertrieben gesagt, ich denke manchmal: Ein Journalist, der nicht wenigstens zweimal im Jahr die Schlagzeile »Zentralrat empört« getitelt hat, der fürchtet offenbar schon um seine reine Daseinsberechtigung. Ich habe übrigens das »Empörungswort« selbst bewusst noch niemals benutzt, aber ich lese immer wieder, dass der Zentralrat über irgendetwas doch schon wieder so schrecklich empört sei. Wir Juden sind wahrscheinlich nicht immer ganz frei von Erinnerungsritualen, mag sein, das gebe ich zu. Aber ganz offensichtlich gibt es auch heftige journalistische Schreibrituale. Journalisten sind offenbar doch auch nur Menschen. Wer hätte das je gedacht?

Mag sein, aber die Sache liegt doch ein wenig komplizierter. Wir reden hier vom Nachrichtenjournalismus. Journalisten berichten – nachrichtenjournalistisch – ja auch nie, dass heute wieder alle Flugzeuge sicher gelandet sind. Sie müssen berichten – auch Sie wollen ganz bestimmt darüber mehr erfahren –, wenn ein Flugzeug abgestürzt ist.

Aber dass sich das Judentum in Deutschland gerade jetzt nachhaltig verändert, dass wir selbst es doch dynamisch und resolut verändern, frisch gestalten und ganz neu positionieren – das ist ja auch eine Neuigkeit, weil es schließlich doch etwas ganz Neues ist. Und korrigieren Sie mich, falls ich falschliege, aber hat man nicht auch ausgiebig über den erfolgreichen Testflug des innovativen, neuen Airbus A380 berichtet? Aber wir wollen uns damit auch sicher nicht vergleichen – und abheben wollen wir schon gar nicht.

Aber solche Veränderungen sind sozusagen semiaktuelle Phänomene, die in Reportagen oder Porträts oder längeren Artikeln und Filmen oder Radio-Essays betrachtet werden können, während wir hier von Nachrichtenjournalismus sprechen.

Das stimmt. Und ich glaube auch, »Jews are news«. Das Jüdische hat, jedenfalls in Deutschland, immer auch einen ganz besonderen Nachrichtenwert. Insofern wird der Zentralrat häufig und viel zu gerne mit negativen Reaktionen zitiert. Und wir erlagen, das gebe ich auch zu, gerade in der Vergangenheit vielleicht manchmal einer gewissen Versuchung, mit Reaktionen zu überziehen, weil wir wussten, dass so etwas von den Medien schnell aufgegriffen wird. Aber nicht jeder Versuchung muss man im Leben nachgeben. Oscar Wilde sagt zwar, man könne allem widerstehen, außer der Versuchung – aber wir sollten es dennoch versuchen.

Hatten Sie denn den Eindruck, dass Ihre neue Sichtweise, als Sie Präsident des Zentralrats wurden, auf ein ausreichendes Echo in den Medien stieß?

Es hätte schon noch ein bisschen mehr sein können, weil es in der Tat noch immer so ist, dass der Zentralrat oft vor allem als ein Organ der Kritik und des Mahnens wahrgenommen wird. Als daueralarmistische Mahnwache sozusagen – und genau das will ich eben, bei allem Engagement, gerade nicht. Aber ich sage auch gleich, dass der Zentralrat als Repräsentant einer zahlenmäßig doch sehr kleinen Gruppierung schon sehr aufmerksam öffentlich wahrgenommen wird. Das hat natürlich seine historischen Gründe, weil wir unausgesprochen sozusagen immer sechs Millionen andere Juden mit vertreten. Wenn nun endlich auch noch die ganz neue positive Entwicklung des jüdischen Lebens hierzulande und unser neuer gesellschaftlicher Beitrag sogar künftig noch etwas stärker beachtet würden – dann wäre es ja fast gar nicht mehr auszuhalten!

Was die Qualität der journalistischen Wahrnehmung betrifft, sind Sie zufrieden?

Ja. Es gibt in der deutschen Presse überwiegend viel Sensibilität und bemerkenswert guten Willen für jüdisches Leben. Das schätze ich immer wieder sehr. Und es gibt in vielen Zeitungen und bei Fernsehen und Hörfunk viele Journalisten mit großen fachlichen Kenntnissen, manchmal geradezu erstaunlich.

Wir müssen nicht immer reflexhaft mahnen, kritisieren und auch nicht die Rolle der sprungbereiten Sprachpolizei spielen.

Es ist schon sehr viel Fingerspitzengefühl zu registrieren. Diese Sensibilität für jüdische Fragen ist unter den Journalisten wie den Politikern viel größer als in der Gesamtbevölkerung. Aber auch hier trifft die leider bekannte Aussage zu: Ausnahmen bestätigen auch manchmal die Regel.

Wie denken Sie über die sogenannten Stolpersteine des Künstlers Gunter Demnig in den Straßen, mit denen der Juden gedacht werden soll, die in den Lagern ihr Leben ließen?

Das ist für mich eine großartige Sache. Die Größenordnung von sechs Millionen Menschen ist etwas so Gewaltiges, aber auch so Abstraktes, dass wir oft gar nicht in der Lage sind, dieses millionenfache Schicksal zu würdigen oder zu erfassen. Aber wo wir Namen nennen, wo solche Stolpersteine deutlich machen, dass Mord und Vertreibung nicht irgendwo, sondern ganz konkret, hier an diesem gewohnten Ort geschahen, da wächst die Empathie. Ich kann nur loben, was Herr Demnig da macht.

Den Einwand, man laufe da über Menschenschicksale hinweg, trete sie mit Füßen, lassen Sie nicht gelten?

Ich sehe das nicht so, nein. Ich merke auch, dass es vielen Angehörigen sehr wichtig ist, dass auf diese Weise an die Schicksale ihrer Familienmitglieder erinnert wird. Und man kann es ja auch so sehen: Man muss sich vor den Namen bücken und verneigen, um sie zu studieren. Das ist für mich auch ein Akt des Respekts.

Hat es Situationen gegeben, in denen Sie sich selbst sagen: »Da hätte ich jetzt vielleicht nicht so auf die Pauke hauen müssen, aber in meiner Eigenschaft als Präsident erwartet man das vielleicht von mir«?

Es gab, im Rückblick betrachtet, schon den einen oder anderen Fall, bei dem ich mich vielleicht ein bisschen hätte zurückhalten sollen. Wir müssen nicht immer reflexhaft mahnen, kritisieren und auch nicht die Rolle der sprungbereiten Sprachpolizei spielen. Solch eine Tendenz hatte ich selbst früher ab und zu wohl auch wie viele von uns. Manche Kritik hätte ich mir daher vielleicht – etwa in meiner Zeit als Vizepräsident – auch sparen können. Daher bin ich gleich mit diesem neuen Vorsatz und Ansatz in das Präsidentenamt gegangen und habe mir das zu Herzen genommen.

Zum Beispiel?

Ich nenne Ihnen gleich zwei Beispiele: Als seinerzeit jeder auf die »Tagesschau«-Sprecherin Eva Hermann öffentlich verbal einschlug, habe ich dies auch getan. Ich habe mich später öfter selbstkritisch gefragt: War das denn so richtig? Dann habe ich einmal einen sehr bekannten Reeder dafür gescholten, dass er gesagt hatte, die deutsche Schifffahrt müsse »reinrassig deutsch« bleiben. Das würde ich heute vielleicht nicht mehr sofort tun, weil ich gar nicht glaube, dass es böse gemeint war. Allerdings ist mir nach wie vor bewusst, dass die Sprache, die Wortwahl und ihre Wirkung nicht zu unterschätzen sind. Deswegen lohnt es sich doch immer, ganz genau hinzuhören.

Sie haben an einer anderen Stelle unseres Gespräches erwähnt, dass die Bindekraft der Religion auch bei den Juden zurückgeht. Welche identitätsstiftenden Merkmale gibt es, wenn ein Jude sagt, er verstehe sich als Jude, aber er sei nicht gläubig?

So sehen es heute leider sehr viele Juden. Abgesehen davon gibt es natürlich viele Möglichkeiten, jüdische Identität zu begründen oder zu schöpfen: jüdische Kultur, jüdische Ethik, jüdischer Humor, ganz viel Gefühl, jüdische Traditionen, die Verbundenheit mit Israel und schließlich unsere gemeinsame Schicksalsgemeinschaft oder sogar Leidensgeschichte. Das ist ein besonders starkes Element: Zusammenhalt durch Leid. Ich wende mich zwar immer gegen den Gedanken, der Holocaust stifte unsere eigentliche Identität. Aber ohne Zweifel bindet der Versuch, ein ganzes Volk umzubringen, auch einander wiederum zusammen. Für mich selbst wird allerdings immer die Religion die entscheidende Kraft haben: Das bleibt für mich persönlich immer der Ort, wo unsere jüdische Seele wohnt. Wir Juden haben unsere Religion gehalten, indem sie uns gehalten hat. Auf eines kommt es mir aber an: Wir Juden haben schon viel zu viele Menschen verloren, als dass wir jemanden einfach ausschließen dürften. Also: Wer immer sich wirklich als Jude fühlt, aus welchem Grund auch immer, der oder die ist mir ganz persönlich immer willkommen. Wobei natürlich immer die religiösen Regeln zu beachten sind – dem Judentum kann man nun einmal nicht so einfach beitreten wie einem Sportverein.

Wie beurteilen Sie den Begriff »Abstammungsgemeinschaft«?

Er trifft die Sache nur zum Teil. Richtig ist, dass man Jude ist, wenn man eine jüdische Mutter hat. Aber man wird ganz genauso Jude, indem man gültig zum Judentum übertritt. Es gilt auch die strikte religiöse Regel, dass diese beiden Zugänge absolut gleichwertig sind: Wer zum Beispiel vor einem Jahr zum Judentum übergetreten ist, gilt ohne Wenn und Aber genauso als jüdisch wie jemand, der seit Generationen jüdisch ist. Im Judentum gibt es keinen Rassismus – niemals!

Sie nannten gerade jüdische Ethik als ein konstituierendes Merkmal jüdischer Identität. Was ist jüdische Ethik?

Jüdische Ethik gründet auf der Thora, auf unserer Lehre, auf vielen Weisheiten und Geboten. Einer der berühmtesten unserer Gelehrten, Rabbi Hillel, hat einmal gesagt, man könne die ganze jüdische Religion sogar nur in einem Satz erklären.

Nämlich?

Man soll den anderen so behandeln, wie man selbst behandelt werden will.

Aber das ist nichts exklusiv Jüdisches.

Richtig. Diese Einsicht stammt aber doch aus dem Judentum. Das Besondere am Judentum scheint mir zu sein, dass man es nicht nur an der Religion festmachen kann, es ist doch so viel mehr. Es ist ein Mischungsverhältnis, und dieses Mischungsverhältnis ist bei vielen Juden ganz unterschiedlich. Es gibt ja auch Menschen, die sich als ausgesprochen jüdisch empfinden, aber dabei so unreligiös sind, dass sich ein Rabbiner an den Kopf greifen würde. Die Verbundenheit mit Israel spielt dabei auch eine Rolle. Denn wer schon einmal der Gefahr der absoluten Vernichtung ausgesetzt war, der kann nicht mehr gelassen und gemütlich abwarten, wie die Sache denn diesmal ausgeht. Für den steht Israel immer auch als letzter Zufluchtsort.

Wir sprachen schon darüber, dass die jüdische Gemeinschaft in Deutschland ihr Wachstum vor allem der Zuwanderung aus Russland und aus der Ukraine

verdankt. Spiegelt sich dieser Umstand auch schon in den Leitungsgremien wider?

Nein, jedenfalls nicht proportional.

Wir müssen als jüdische Gemeinschaft politisch unbedingt zusammenbleiben und alles dafür tun.

Unterproportional?

Ja. Weit unterproportional sogar. Proportional hieße ja, dass wir alle unsere Gremien zu neunzig Prozent mit Zuwanderern besetzen würden. Das ist nicht so. Aber in allen Gremien gibt es Zuwanderer, im Direktorium, auch im Präsidium. Man muss aber auch bedenken: Jahrzehntelang waren unter den Juden in Deutschland die »Ostjuden« sehr deutlich in der Mehrheit, sie wurden aber von deutschen Juden als Zentralratspräsidenten sehr gut repräsentiert. Ich glaube, spätestens in der nächsten Generation, wahrscheinlich sogar schon viel früher, werden die Vorstände der Gemeinden und Institutionen schon ganz anders aussehen. Denn Sie müssen ja auch eines in Betracht ziehen: Die jüdischen Zuwanderer aus den ehemaligen Staaten der Sowjetunion sind oft überwiegend damit beschäftigt, sich hier eine Existenz aufzubauen, da bleibt oft zu wenig Zeit für ehrenamtliche Arbeit in Gremien. Und schließlich muss man auch noch wissen: Alle jüdischen Vorstände und Leitungsgremien werden demokratisch von den Mitgliedern gewählt. Angesichts dieser Zusammensetzungen zeigt sich doch, dass die Herkunft nicht entscheidend ist, sondern das, was man als individuelle Person vorzuweisen hat und was man am Ende tut.

Gibt es in anderen europäischen Ländern Organisationsformen jüdischen Lebens, die dem Zentralrat vergleichbar sind?

Es ist überall ein bisschen anders organisiert. In Frankreich gibt es den CRIF, Conseil Représentatif des Institutions Juives de France, der dem deutschen Zentralrat ähnelt. Parallel dazu existiert die religiöse Organisation, der Consistoire (Central). In vielen Ländern gibt es ja auch keine Einheitsgemeinden. Die gab es im Übrigen in Deutschland früher auch nicht. In Frankfurt zum Beispiel standen sich die Jüdische Gemeinde und die konservative Israelitische Religionsgesellschaft wie Antipoden gegenüber. Es gab auch unterschiedliche Synagogen für diverse Richtungen des Judentums. Auch das Philanthropin war eine Schule für das liberale Judentum. Wer seine Kinder damals traditionell erzogen haben wollte, schickte sie auf die Samson-Raphael-Hirsch-Schule. Die Einheitsgemeinde entstand in der Nachkriegszeit, als die Zahl der Juden so gering war, dass man übereinkam, in jeder Stadt nur eine Jüdische Gemeinde zu etablieren. Das diffundiert heute durch die größere Zahl der Juden da und dort ein bisschen. Ich bin aber überzeugt: Wir müssen als jüdische Gemeinschaft politisch unbedingt zusammenbleiben und (fast) alles dafür tun. Wir würden uns sonst politisch atomisieren und marginalisieren. Das wäre ein schwerer Fehler, den wir uns einfach nicht leisten dürfen.

Wie viele Ihrer Vorgänger waren Ihnen persönlich bekannt?

Bei mir beginnt die Reihe derer, die ich kannte, bei Ignatz Bubis.

Wie haben Sie Heinz Galinski empfunden, den ersten und dann wieder vierten Präsidenten des Zentralrats?

Als eine manchmal ein bisschen strenge, aber stets sehr überzeugende Autoritätsperson, die ich aber nur im Fernsehen erlebte. Vielen Menschen ist er wohl ein bisschen schroff vorgekommen. Er trug an einem harten Schicksal, seine erste Ehefrau und seine Mutter wurden in Auschwitz ermordet, auch er selbst war in den Konzentrationslagern von Auschwitz, Mittelbau und Bergen-Belsen. Er war ein sehr deutscher Jude. Das war ja das Besondere: Nach der Schoa kamen die allermeisten Juden, die in Deutschland blieben, aus dem Osten. Aber alle Zentralratspräsidenten – mit der Ausnahme des »Ostjuden« Ignatz Bubis – waren deutsche Juden, die auch im deutschen Judentum fest verankert waren. Werner Nachmann war sogar stolz darauf, bei der Bundeswehr gedient zu haben. Und Paul Spiegel hatte eine urdeutsche Familientradition im Westfälischen, die er über Generationen zurückverfolgen konnte. Sein Vater war sogar einst Schützenkönig.

Hören wir da eine Kritik an den deutschen Juden?

Aber ganz und gar nicht, wir »Ostjuden« haben uns von den »deutschen« Zentralratspräsidenten doch wirklich immer sehr gut vertreten gefühlt. Und wie sogar!

Sind die Vorwürfe der finanziellen Unregelmäßigkeiten gegen Werner Nachmann eigentlich jemals vollständig aufgeklärt worden? Ihm wurde ja die Veruntreuung von 33 Millionen Mark an Zinsen für Wiedergutmachungsgelder vorgeworfen.

Nein. Auch die Gelder sind niemals aufgefunden worden. Bis heute bleibt diese Angelegenheit ein großes Rätsel, obwohl gerade Heinz Galinski sich um Aufklärung sehr bemüht hat.

Der Zentralrat kann nicht verfügen, dass in einer Jüdischen Gemeinde irgendwo in Deutschland ein Tisch auch nur um zehn Zentimeter verrückt würde.

Die Folge dieses Skandals, der nach dem Tod von Werner Nachmann im Jahr 1988 entdeckt wurde, ist, dass wir im Zentralrat konsequent das Vier-Augen-Prinzip eingeführt haben: Jede einzelne Zahlungsanweisung, selbst über allerkleinste Summen, wird bis heute ausnahmslos von zwei Personen unterschrieben. Das ist manchmal mühsam und aufwendig, wenn das alles quer durch Deutschland geschickt werden muss zur doppelten Unterschrift – aber so ist es bis heute.

Wie muss man sich die Organisation, die Verwaltungsstruktur des Zentralrats vorstellen?

Der Zentralrat ist die politische Vertretung der Juden in Deutschland. Er ist aber nicht die vorgesetzte Behörde für die Jüdischen Gemeinden. Das ist sozusagen ein nahezu schon heiliges Gesetz. Der Zentralrat kann sogar vielleicht den Papst oder den amerikanischen Präsidenten kritisieren, aber er kann nicht verfügen, dass in einer Jüdischen Gemeinde irgendwo in Deutschland ein einziger Tisch auch nur um zehn Zentimeter verrückt würde. Und der Zentralrat ist auch kein religiöses Organ. Er besteht aus Großgemeinden und den Landesverbänden, die sich wiederum aus den einzelnen örtlichen Gemeinden zusammensetzen.

Wünschen Sie sich manchmal ein Durchgriffsrecht?

Manchmal schon, vor allem, wenn es irgendwo Streit und zuweilen sogar blamables Chaos gibt. Aber das geht halt nicht.

Welche Führungsgremien gibt es?

Das Direktorium und das Präsidium. Dem Direktorium gehören etwa 35 Personen an, die von ihren Landesverbänden delegiert werden.

Ohne dass der Zentralrat darauf Einfluss hat?

Genau. Und er kann auch kein delegiertes Direktoriumsmitglied ausschließen.

Und das Präsidium?

Das ist das oberste Führungsgremium, bestehend aus neun Mitgliedern. Sie wählen aus ihrer Mitte den Präsidenten und die beiden Vizepräsidenten. Das Präsidium wiederum wird vom Direktorium beaufsichtigt. Einmal im Jahr tagt unsere Ratsversammlung mit ihren etwa 100 Mitgliedern, das ist unser Parlament, das auch den Haushalt beschließt.

Wie oft tagt das Präsidium des Zentralrats?

Das Präsidium einmal im Monat, das Direktorium etwa sechsmal im Jahr.

Gibt es Anwesenheitspflicht im Präsidium?

Nein, die meisten kommen aber sehr regelmäßig. Sie nehmen ihre Position im Präsidium sehr ernst und engagieren sich sehr, so dass sie immer kommen, wenn es ihnen möglich ist.

Wie ist das Klima?

Sehr gut. Es herrscht absoluter Teamspirit, darauf lege ich auch großen Wert. Wir sind dort lauter Kollegen, die sich aufeinander verlassen können. Es werden dort ja auch manchmal Dinge gesprochen, die nicht immer sofort an die Öffentlichkeit dringen müssen. Und das ist immer gutgegangen.

Wie viele Frauen gehören dem Präsidium an?

Im Moment zwei von neun.

Die Aufgabe des Geschäftsführers ist dann das Operative?

Ja, wir sind in Präsidium und Direktorium ja lauter Ehrenamtler, also aktiv bemühte Amateure. In unserer Zentrale in Berlin haben wir unsere hauptberuflichen Mitarbeiter, die ihre Arbeit professionell machen. An der Spitze dieser kleinen Mannschaft stand bisher der Generalsekretär, nun der Geschäftsführer.

Wie groß muss man sich diese Verwaltung vorstellen?

Wenn wir alle zusammenzählen, sind es vielleicht gut dreißig Personen, unter ihnen Reinigungskräfte und Sicherheitspersonal.

Wie hoch ist der Jahresetat des Zentralrats?

Wir bekommen jetzt zehn Millionen Euro pro Jahr von der Bundesregierung. Und ich bin schon sehr glücklich, dass es mir gelungen ist, diesen Betrag im Jahr 2011 von bislang fünf Millionen auf zehn Millionen glattweg verdoppelt zu haben. Ich habe auch das ganze Jahr lang sehr hart dafür gekämpft – auf einem Silbertablett ist uns dieses Ergebnis gewiss nicht serviert worden. Das ist der größte Verhandlungserfolg in der Geschichte des Zentralrats – darauf bin ich auch ein bisschen stolz. Denn damit hatte doch keiner wirklich gerechnet, und der Zentralrat ist damit finanziell in eine ganz neue Liga aufgestiegen. Wir haben nun mehr Mittel, um viel mehr zu tun: Um den neuen Zentralrat zu bauen, der mir doch so wichtig ist.

Der Etat speist sich nicht aus Beiträgen der Landesverbände?

Nur zum geringen Teil, jeder Landesverband gibt ein Euro pro Mitglied. Das ergibt also rund 100.000 Euro pro Jahr. Zinseinnahmen sind wegen der niedrigen Zinsen derzeit kaum nennenswert, im Wesentlichen sind die zehn Millionen vom Staat unsere Haupteinnahmequelle. Und die wollen wir auch ausgeben.

Das sind überschaubare Beträge.

Gut, aber bis 2011 waren es, wie gesagt, sogar nur fünf Millionen, die Hälfte. Und auch damit mussten wir zurechtkommen, so gut es ging.

Ist es vernünftig, den Zentralrat durch lauter Ehrenamtliche führen zu lassen?

Ich persönlich bin ein großer Anhänger des Ehrenamtes. Als Gegenargument wird oft vorgebracht, man müsse sich ein solches Ehrenamt auch leisten können, denn es kostet Zeit, bisweilen sogar sehr viel Zeit. Und diese Zeit kann nicht aufbringen, wer sich noch eine Existenz aufbauen oder tagtäglich den ganzen Tag in seinem Beruf arbeiten muss. Eine solche faktische Zugangsbarriere ist in der Tat ein ernst zu nehmendes Argument. Aber in der Summe ist es doch auch ein ganz großes Plus im Judentum, ein Schatz, dass wir auf allen Ebenen immer wieder Menschen finden, die sich ehrenamtlich für die gemeinsame Sache einsetzen wollen.

Wenn Sie sich selbst in der Reihe der Präsidenten des Zentralrats bewerten – Galinski, Bubis, Spiegel, Knobloch –, wo sehen Sie sich?

Es ist immer schwer, sich selbst zu beurteilen. Es gibt bei mir nur einen großen Unterschied zu allen Vorgängern: Ich bin der erste, der nach der Schoa geboren wurde.

Ignatz Bubis hat den Deutschen ein neues und modernes Bild des Judentums vermittelt.

Der davon biographisch aber geprägt ist.

Ja, aber es ist doch etwas Anderes, ob man von einem Ereignis geprägt ist oder ob man es selbst durchlitten hat. Im Übrigen sind meine Vorgänger auch sehr, sehr unterschiedlich. Heinz Galinski war eine große moralische Autorität. Dass Ignatz Bubis mein großes politisches Vorbild war und ist und bleibt, habe ich ja schon oft gesagt. Bubis hat den Deutschen ein neues und modernes Bild des Judentums vermittelt. Den Juden wiederum hat er gezeigt, dass es sich durchaus auch zu kämpfen lohnt. Er hat insofern einen Weg gebahnt, dem wir alle heute noch folgen. Und er war ein großer Versöhner. Paul Spiegel war für mich der Präsident der Herzen, ein ungeheurer Sympathieträger. Ich glaube, es war ganz unmöglich, Paul Spiegel nicht zu mögen. Er war vielleicht nicht der größte Kämpfer, aber wenn er kämpfen musste, dann hat er es getan. Er konnte alle Menschen im Sturm für sich einnehmen. Frau Knobloch war und ist die Lady Courage des deutschen Judentums. Das einzigartige Gemeindezentrum in München, an dessen Zustandekommen viele beteiligt waren, hat im Grunde sie erkämpft, ohne sie wäre es niemals entstanden.

Sie hat, als Paul Spiegel damals starb, die Fahne des Zentralrats hochgehalten. Sie an die Spitze zu wählen, war auch die letzte Chance, eine Holocaust-Überlebende als Präsidentin zu gewinnen.

Wie lange werden Sie dieses Amt des Präsidenten noch wahrnehmen?

Gibt es eine leichtere Frage? Ich weiß es nicht.

Ihre Familie kritisiert nicht, dass Sie viel Zeit auf diese Aufgabe verwenden?

Doch, sogar unaufhörlich.

Gibt es genügend junge Leute, die nachwachsen?

Ja, da ist mir überhaupt nicht bange. Da gibt es unheimlich viel Begeisterung und Engagement. Viele, die jetzt jung sind, werden in die Sache hineinwachsen, da habe ich gar keine Sorge. Die werden es ganz sicher noch viel besser machen als wir heute.

Wird das Ehrenamt in Deutschland nach Ihrer Meinung überhaupt hinreichend gewürdigt?

Nein, überhaupt nicht. Jeder, der ehrenamtlich handelt, macht die Welt ja auf seine eigene Weise ein kleines Stückchen besser. Um nur von der jüdischen Gemeinschaft zu sprechen: Wir könnten ohne Ehrenamtliche überhaupt nicht existieren. Und das gilt für die gesamte Gesellschaft. Es ist zwar richtig, dass manchmal die Professionalität fehlt. Aber das wird durch Leidenschaft, Freude und Engagement meist sogar weit überkompensiert. Leider gibt es ja sogar Menschen, die sich darüber lustig machen, dass andere sich ehrenamtlich engagieren. Sie sollten freilich besser selbst einen Beitrag leisten.

Sie sind dabei, den Zentralrat in die Zukunft zu führen. Inwieweit ist das umstritten?

Mir ist noch kein offener Widerspruch begegnet. Nun sind wir Juden ja ein meinungsstarkes Volk, es wäre ja gar nicht auszuhalten, wenn jeder meiner Meinung wäre. Es ist einfach meine Überzeugung, dass wir den Zentralrat in all dem Guten, das er an sich hat, so lassen müssen. Und ihn zugleich verändern müssen.

Wie und wobei?

Ich will doch den »Neuen Zentralrat« bauen, dessen Arbeit wir gemeinsam professionalisieren und intensivieren. Und wir sind in den letzten Jahren schon dabei weit vorangekommen. Man kann sogar fast eine komparative Kette bilden: Gut, besser, Neuer Zentralrat! Wo soll ich nur beginnen? Neue Rabbinerinnen und Rabbiner, »Made in Germany und Made for Germany«, hier ausgebildet und inzwischen regelmäßig ordiniert – das hat es hierzulande zuletzt auf dieser Basis vor acht Jahrzehnten gegeben! Bildung – ganz wichtig im Judentum, sogar Herzmuskel im Judentum.

Ist Ihnen aus den eigenen Reihen jemals der Vorwurf der Geschichtsvergessenheit gemacht worden?

Nein, niemals. Jeder weiß doch, dass wir alle, meine Mitstreiter wie ich, von der Schoa tief geprägt sind. Natürlich nicht so wie die Überlebenden selbst, aber wir sind doch nah dran, manchmal denke ich fast, viel zu nah dran. Da weiß jeder, dass der Holocaust für uns ein absolutes Lebensthema bleibt, von dem wir oft so viel mehr beherrscht werden, als wenn wir selbst das Thema beherrschen könnten.

Welche Neuerungen haben Sie im Zentralrat eingeführt?

Seit fast zwei Jahren haben wir beim Zentralrat unsere ganz neue Bildungsabteilung, die einmal sogar zur Jüdischen Akademie wachsen soll: ein neues, anspruchsvolles Projekt. Ein neues Flaggschiff in der Arbeit des Zentralrats. Jüdische Kultur: Kaum bekannt ist, dass es inzwischen an jedem zweiten Tag im Jahr eine jüdische Kulturveranstaltung im Land gibt, die der Zentralrat organisiert und finanziert: Jüdische Kultur auf Rädern – die wir in unsere Gemeinden transportieren, gerade in die kleineren. Wir haben diverse Angebote für unsere »Young Professionals«, die schließlich wortwörtlich die Zukunft jüdischen Lebens hierzulande gestalten, oder aber Initiativen, die ganz konkret jüdische Werte und Traditionen vermitteln wie den bundesweit geführten Mitzvah Day, quasi der »Tag der guten Tat«. Umweltprojekte, interkultureller Dialog, das sind alles Themen und Arbeitsfelder, die wir vorantreiben und in denen wir glücklicherweise sehr erfolgreich sind. Natürlich steht dabei das Wohl unserer Gemeinden und natürlich unserer Mitglieder immer an erster Stelle. Wie wir überhaupt unseren Gemeinden nunmehr viel mehr Service bieten, mit Seminaren und einer aktuellen Online-Plattform, die ihnen oft konkret weiterhilft. In den Neuen Medien sind wir ohnehin längst erfolgreich unterwegs.

Sie machen aber auch Großveranstaltungen in ganz neuen Dimensionen?

Von denen wir früher wirklich nur träumen konnten: Erst im November 2013 haben wir unseren neuen großen Jüdischen Gemeindetag in Berlin veranstaltet. Nach dem Vorbild ein wenig der Kirchentage oder der Katholikentage. Natürlich heruntergebrochen auf unsere Dimension: Immerhin 800 Teilnehmer hatten wir dort, vier Tage lang haben wir dort zusammen ein großes Fest, ein Festival des Judentums gefeiert. Es gab Seminare, Workshops, Vorträge, Konzerte und Kommunikation pur. Am Ende hat uns der Bundespräsident besucht und uns alle begeistert. Wir haben dort unser Wir-Gefühl gestärkt, es war eine fulminante Investition in uns selbst. Eine solche Intensität und Inspiration und Dimension von Judentum hat es in Deutschland seit der Schoa noch nicht gegeben. Alle waren begeistert und bewegt. Und es macht mich auch ein wenig stolz, dass wir das erreichen und unseren Mitgliedern bieten konnten. Und jetzt im März 2014 haben wir in Hamburg unsere »Jewrovison« veranstaltet, den größten jüdischen Musikwettbewerb in ganz Europa mit 900 jungen jüdischen Menschen, die dabei gezeigt haben: Wir Juden können auch richtig feiern – und alle sind eingeladen, sich mit uns zu freuen. Dass dieses neue Bild wahrgenommen wird, bei allem ernsthaften Engagement, das so wichtig bleibt, ist mir eine Herzenssache: Immerhin haben sogar die *Tagesthemen* von unserer Jewrovision berichtet – wie schön ist das für unsere jungen Leute, auf die wir doch so stolz sind.

Der Zentralrat soll also seinem Namen gerecht werden, er soll das Zentrum des Judentums in Deutschland bilden?

Insgesamt soll der Zentralrat das jüdische Kompetenzzentrum im Land sein, unter dessen Dach sich alle, die sich jüdisch engagieren, politisch zu Hause fühlen sollen. Er ist nunmehr das Kraftzentrum und die Power-Station des Judentums im Land geworden. In einer Zeit, in der es Bewegungen gibt, die jüdische Gemeinschaften auch zersplittern wollen, ist es doch ganz besonders wichtig, dass der Zentralrat eine starke Kraft bleibt und sogar noch immer stärker wird. Wenn ich mir etwa die Beschneidungsdebatte anschaue, so wäre sie ohne einen starken Zentralrat der Juden niemals im Leben so geführt worden und wäre auch ganz sicher nicht so ausgegangen. Und das alles ist doch nur der Anfang – wir wollen zusammen noch so viel mehr erreichen!

Kann man den Charakter und die Organisationsform des Zentralrats mit irgendeiner anderen Institution vergleichen, etwa mit dem Gewerkschaftsbund oder der Deutschen Bischofskonferenz?

Nein. Schon gar nicht mit der Bischofskonferenz. Wir haben weder religiöse Kompetenz noch wollen wir sie. Da vertrauen wir unseren Rabbinerinnen und Rabbinern. Und wir freuen uns, dass unter dem Dach des Zentralrats sowohl die orthodoxe wie auch die liberale Rabbinerkonferenz zu Hause sind.

Es hat Momente gegeben wie im Jahr 2004, als es eine Auseinandersetzung mit der Union progressiver Juden gab, da drohte eine Spaltung.

Es war damals in der Tat für den Zentralrat eine ziemlich dramatische Situation. Die Union progressiver Juden drohte, schon bald einen zweiten Zentralrat aufzumachen. Es gab auch heftige persönliche Angriffe gegen den damaligen Präsidenten Paul Spiegel. Ich habe damals für den Zentralrat die Verhandlungen mit der Union geführt. Das war recht schwierig und sogar dramatisch. Zumal es auch sehr ins Persönliche ging. Ich erinnere mich an die erste Verhandlungsrunde, in der ich den frischen *Spiegel* auf den Tisch legte.

Ein zweiter Zentralrat hätte unweigerlich einen dritten und vierten nach sich gezogen.

Darin war der Leserbrief eines sehr prominenten Mitglieds der Union progressiver Juden abgedruckt, der darin der Staatsanwaltschaft nachdrücklich empfahl, einmal das Geschäftsgebaren Paul Spiegels zu untersuchen – so vergiftet war damals die Atmosphäre.

Aber Sie haben verhandelt.

Ja, wobei im Zentralrat nicht unumstritten war, ob wir überhaupt verhandeln sollten. Es gab durchaus die Meinung, es werde sowieso zu einer Spaltung kommen, da müsse man sich auch nicht mehr an einen Tisch setzen. Für mich war es aber wichtig, diesen Versuch zu wagen, denn ein zweiter Zentralrat hätte unweigerlich einen dritten und vierten nach sich gezogen, davon war ich überzeugt. Das gilt übrigens sogar auch heute. Ich bin der Ansicht, die jüdische Gemeinschaft in Deutschland muss zusammenhalten, so lange es irgendwie geht. Vor dem Krieg gab es gar keine Einheit, es gab ganz unterschiedliche jüdische Organisationen. Die Entwicklung im Deutschland nach dem Krieg war eine sehr positive: Es muss politisch zusammenbleiben, was zusammengehört. In einer Zersplitterung würden wir unsere ganze politische Kraft verlieren. Wir haben uns dann ja mit der Union progressiver Juden auch sehr schnell dahingehend geeinigt, dass ins Direktorium auch sehr schnell Mitglieder der Union aufgenommen wurden.

Und heute?

Heute will ich nicht sagen, wir seien immer alle ein Herz und eine Seele, aber Differenzen brechen doch nur noch selten aus. Ob das für alle Zeiten so bleiben wird, weiß ich natürlich nicht, da die jüdische Gemeinschaft in Deutschland durch den Zuzug sowieso viel heterogener und vielfältiger wird. Aber eine negative Entwicklung für einige Jahre aufzuhalten, das ist auch schon ein Wert an sich. Und die Politik ist gut beraten, unsere Einheit auch aktiv zu unterstützen. Man sieht ja gerade auf muslimischer Seite, wie schwer es für die deutsche Politik oft ist, wenn sie nicht mehr weiß, mit wem sie denn verhandeln soll. Und wenn sie nicht wissen, wer wen eigentlich repräsentiert. Wenn diese Gruppen dann auch noch untereinander heftig rivalisieren, wird es sogar noch schwieriger. Bei uns ist es dagegen ganz einfach: Der Zentralrat repräsentiert 99 Prozent der Juden in Deutschland politisch. Deshalb sollte die Politik uns auch immer unterstützen – prinzipiell, ideell, generell, spirituell, aber auch manchmal ganz konkret finanziell und materiell. Es gibt gewiss schlechtere Investitionen in der Politik.

Dann lassen Sie uns über das Materielle sprechen. Als Sie gewählt wurden, war der Zentralrat verschuldet?

Nein, nicht verschuldet, er war defizitär, er hatte ein Haushaltsdefizit.

Was ist der Unterschied?

Der Zentralrat hatte ein Geldvermögen, das dem laufenden Defizit gegenüberstand. In Frankfurt sah die Lage in der Jüdischen Gemeinde damals sogar noch ganz anders aus: Da standen 25 Millionen D-Mark laufende Verschuldung keinem entsprechenden Geldvermögen gegenüber. Ein Defizit erträgt sich viel leichter, wenn man Geld auf dem Konto hat.

Also Sie fanden ein Defizit vor. Wie ging es dann weiter?

Ich habe es so ähnlich gemacht wie in Frankfurt. Einerseits versucht, vernünftig und sparsam zu wirtschaften, andererseits wollte ich die Einnahmeseite verbessern. So, wie es uns in Frankfurt durch Überzeugungsarbeit bei Land und Stadt gelang, mehr Unterstützung zu bekommen, so haben wir es auch bei der Bundesregierung versucht. Es war zu Paul Spiegels Zeit als Zentralratspräsident, dass ein Staatsvertrag mit der Bundesrepublik Deutschland zustande kam. Das war damals ein Schritt von einer auf drei Millionen Euro. Und eine ganz große Leistung von Paul Spiegel.

Einmal pro Jahr drei Millionen?

Genau. Und dann – in der Präsidentschaft von Frau Knobloch – haben wir mit dem damaligen Bundesinnenminister Schäuble in neuen Verhandlungen zusammengesessen. Sie sagte dann, jetzt solle ich als Finanzdezernent doch sagen, was wir wollen. Dann habe ich so prüfend in die Runde geblickt und eine höhere Summe genannt, als wir eigentlich vorher ausgemacht hatten, nämlich fünf Millionen. Dann sah ich, wie Schäubles Referenten das fleißig aufschrieben, und habe mich insgeheim geärgert, dass ich nicht sogar gleich sechs gesagt hatte. Dass ich dann später in meinem ersten Jahr als Präsident den für uns geradezu epochalen Sprung auf sogar zehn Millionen geschafft habe, das habe ich ja schon erwähnt. Dieser große Erfolg hat dann viele der neuen Initiativen überhaupt erst möglich gemacht, die wir beginnen konnten und die den Zentralrat in eine neue Dimension katapultiert haben.

Und woran haben Sie nach dieser deutlichen Verbesserung der Einnahmen gespart?

Beim Zentralrat war das Sparen nicht so schwierig. Wir leisten ja vor allem Subventionen an zahlreiche jüdische Einrichtungen; da musste man nur schauen, ob das ökonomisch vernünftig gesteuert wurde. Ich übernahm dann ja auch seinerzeit die ehrenamtliche Geschäftsführung der *Jüdischen Allgemeinen*.

Wäre das nicht eher eine Sache Paul Spiegels gewesen, der ja gelernter Journalist war?

Richtig, er war Journalist, aber er sagte: »Das hat jetzt mit Journalismus nichts mehr zu tun. Da gibt es so dicke Defizite, um die musst du dich jetzt kümmern.« Aber ich muss zugeben: Die Defizite sind dort auch trotz meines Einsatzes leider nicht wirklich kleiner geworden.

Ist die *Jüdische Allgemeine* eine unabhängige Zeitung oder ein Verbandsorgan?

Sie ist ganz sicher nicht *Die Zeit* und schon gar nicht die *F.A.Z*, sie ist das Verbandsblatt des Zentralrats. Sie wird – mit dicken Defiziten – getragen und finanziert vom Zentralrat, sonst wäre sie gar nicht überlebensfähig. Sie ist dazu da, den Zentralrat publizistisch zu vertreten. Ich selbst finde: Die *Jüdische Allgemeine* ist eine wunderbare Zeitung. Auf den ersten Seiten beschäftigt sie sich mit der ganzen Welt. Das ist gut gemacht und wird auch immer besser. Aber für viele sind die hinteren Seiten das Spannende, auf denen sich die Zeitung mit den Jüdischen Gemeinden befasst. Deswegen ist sie nicht nur ein Sprachrohr nach außen, sondern ein wichtiges Medium zur Kommunikation nach innen. Aber die *Jüdische Allgemeine* ist nun mal ein Verbandsblatt, deswegen kann sie nicht so temperamentvoll sein wie andere Blätter, und schon gar nicht kann sie dem Zentralrat kritisch gegenüberstehen. Es fällt mir freilich schwer, das zu bedauern!

Was für eine Auflage hat die *Jüdische Allgemeine*?

Eine peinliche Frage. Muss ich sie denn beantworten?

Wer Gerechtigkeit herstellen will, handelt nicht gegen den Geist der Versöhnung.

Nein, aber es wäre interessant.

Ich glaube: um die 6000. Unser Chefredakteur könnte Ihnen aber auch noch vorrechnen, auf wie viele Klicks im Internet man zusätzlich kommt. Es sind, wenn ich mich recht erinnere, Zehntausende. Gerade im Zeitalter der Crossmedialität bestimmt ein nicht ganz unwichtiges Thema. Die Zeitung wird schon zur Kenntnis genommen. Sie kommt donnerstags heraus und ich habe schon ein paar Mal festgestellt, dass die aktuelle Ausgabe am Freitag im Kanzleramt gelesen worden war. Vielleicht nicht von Frau Merkel natürlich, was selbstverständlich höchst bedauerlich ist, aber von ihren Mitarbeitern, die sich mit dem Judentum beschäftigen.

Was kostet ein Abonnement?

Etwa 120 Euro im Jahr.

Womit wir wieder beim Geld wären. Waren Sie als Finanzdezernent insgesamt erfolgreich?

Ja, das kann man sagen. Es ist mir in zehn Jahren als Finanzdezernent immer gelungen, ausgeglichene Haushalte vorzulegen.

Setzt sich der Zentralrat auch für die Restitution ein?

Ja.

Michael Wolffsohn hat sich in der *F.A.Z.* dafür ausgesprochen, den Begriff der »Gerechtigkeit« durch den der »Versöhnung« zu ersetzen. Teilen Sie seine Auffassung?

Ich habe den Artikel aufmerksam gelesen. Und man darf das Thema »Restitution von Kunst« nicht unterschätzen. Es wird in der Welt genau beobachtet, vor allem in den USA, wie Deutschland damit umgeht. Der Holocaust war ja nicht nur Mord, sondern zugleich auch Massenraubmord. Deshalb muss es als wahrscheinlich gelten, dass heute in den Museen der Welt abertausende Kunstwerke zu finden sind, die damals jüdischen Menschen geraubt wurden. Herr Wolffsohn hat sich dafür ausgesprochen, dass man es irgendwann gut sein lassen solle. Er hat auch sein eigenes Beispiel angeführt, dass er nämlich auf Dinge verzichtete, die seinem Großvater gehörten. Das ist legitim. Aber man kann nur auf Dinge verzichten, die einem selbst zustehen; man hat kein Mandat, für andere zu verzichten. Wer Gerechtigkeit oder Fairness herstellen will, handelt nicht gegen den Geist der Versöhnung. Und hat die Restitution jenseits von Gerechtigkeit nicht auch eine emotionale Seite?
Absolut. Für manche Juden ist so ein Kunstwerk vielleicht der einzige dingliche Bezugspunkt zu ihrer ausgelöschten Familie. Die jüdischen Familien sind ja oft so extrem dezimiert, ausradiert worden, dass manchmal ein Bezug zu einem Gemälde, das vielleicht dem Großvater gehörte, der letzte Anknüpfungspunkt an eine ganze Familienkette ist. Ich sehe auch deshalb nicht, dass man heute einen Schlussstrich ziehen müsste. Ich bin kein Kunstexperte, aber viele Experten sagen, dass die deutschen Museen noch viele Möglichkeiten hätten, ihre Bestände kritisch zu erforschen. Wenn Herr Wolffsohn für sich verzichtet, ist das in Ordnung. Aber wer sind wir, dass wir für alle anderen einen Verzicht aussprechen sollten? Herr Wolffsohn ist ein ehrenwerter Mann, aber er vertritt gelegentlich Ansichten, die weit entfernt sind vom Mainstream jüdischer Überzeugungen.

Eine ganz andere Frage: Wie verlief eigentlich jüdisches Leben in der DDR?

Leider weiß ich darüber nicht so viel. Ich weiß nur, dass es der DDR gelang, zwei Dinge an den Westen zu delegieren: die Geschichte des Nationalsozialismus und die Verantwortung für Israel. Und als wäre das nicht schlimm genug, hat die DDR zudem die schlimmsten Feinde Israels unterstützt, nicht nur mit Worten, sondern auch mit Taten. Etwa die Terrorgruppe »Schwarzer September«, die sich zu dem Olympia-Attentat von 1972 bekannte, mit Material, Ausrüstung und Rückzugsgebieten. Ich glaube, ein Teil der Linkspartei ist sogar bis heute kontaminiert vom alten Gift des Israel-Hasses der DDR. Wobei heute die schlimmsten Gegner Israels in der Linkspartei oft aus dem Westen stammen. Die aus dem Osten sind nämlich disziplinierter. Wenn Herr Gysi eine neue Linie verfolgt, dann folgen sie ihm. Aber die alten Kader aus dem Westen scheren sich nicht immer darum, was Gregor Gysi oder Petra Pau zu Israel sagen.

8 »Diese schnodderige Skrupellosigkeit«

Zu den Kontroversen um Martin Walser und um Jakob Augstein

Im Oktober 1998 erhielt Martin Walser in der Frankfurter Paulskirche den Friedenspreis des Deutschen Buchhandels. Waren Sie dabei?

Nein.

Die Menschen erhoben sich von ihren Sitzen und spendeten Walser nach seiner Rede stehend Beifall. Nur Ignatz Bubis blieb sitzen.

Er hat es oft beschrieben. Der ganze Saal erhob sich, nur er und seine Frau Ida taten es nicht. Es muss eine Szene gewesen sein, die ihn wie ein Hammerschlag getroffen hat. Zu denen, die applaudierten, gehörten auch viele, die Ignatz Bubis schätzte und mochte. Bubis war ja jemand, der sich als deutscher Jude fühlte. Ja: fühlen wollte. Es war ihm wichtig, ein Deutscher jüdischen Glaubens zu sein. Wenn er für Israel vereinnahmt wurde, wenn also beispielsweise ihn jemand fragte, ob er den Urlaub denn in seiner »Heimat« verbringe – gemeint war dann Israel –, so wies er denjenigen immer genüsslich darauf hin, dass seine Heimat doch Hessen sei. Und diesen jüdischen Deutschen hat die Rede Martin Walsers getroffen und zurückgeworfen. Sie hat, verbunden mit persönlichen Schicksalsschlägen, sicherlich dazu geführt, dass er gegen Ende seines Lebens resigniert sagte, er habe nichts erreicht.

Aber Bubis hat die Tatsache, dass da ein ganzer Saal der Rede Walsers stehend applaudierte, selbst ein bisschen relativiert. Wir zitieren ihn mal: »Wenn Sie die Leute, die aufgestanden sind und Standing Ovations gebracht

haben, gefragt hätten ›Was hat er gesagt?‹, hätten zwei Drittel es nicht gewusst. Es genügt, wenn einige Leute vor einem aufstehen, der Rest kommt nach.«

Das stimmt. Da hat im Publikum ganz gewiss nicht jeder nach der Walser-Rede gesagt: »Das wollte ich schon immer mal gehört haben.« Ich glaube nicht, dass es eine demonstrative Zustimmung zu allen Thesen Walsers war. Aber ihn trug an einem so wichtigen Ort wie der Paulskirche als dem Hort der Demokratie nach einer solchen Rede eine Welle der Sympathie. Und das hat Bubis getroffen. Noch schlimmer war das, was Martin Walser nach dieser Rede gesagt hat, nämlich im Gespräch bei der *F.A.Z.*

Am 14. Dezember 1998 trafen im Büro des *F.A.Z.*-Mitherausgebers Frank Schirrmacher im Beisein von Salomon Korn Walser und Bubis aufeinander. Die Zeitung hat das Gespräch dokumentiert.

Da hat Walser Dinge von einer Scheußlichkeit gesagt, für die man eigentlich gar keine Entschuldigung mehr finden kann. Zwei Dinge habe ich in Erinnerung, die ich nie vergessen werde. Er warf Bubis vor, nach Hoyerswerda und nach Rostock gefahren zu sein, nachdem es dort widerliche rassistische Übergriffe gegeben hatte. Er fragte ihn, was er denn dort zu suchen hatte. Das kann ich überhaupt nicht nachvollziehen. Menschen beizustehen, die bedrängt wurden, nur weil sie fremd in diesem Land waren – das einem Vertreter der Juden in Deutschland vorzuwerfen, das ist ungeheuerlich. Warum ist Martin Walser damals eigentlich nicht selbst an Ort und Stelle gewesen, als Menschen in einer solch misslichen Lage waren? Das Infamste aber war, dass er zu Bubis sinngemäß sagte: »Ich habe mich schon mit diesen Dingen, mit Auschwitz, beschäftigt, als Sie noch ganz andere Dinge getan haben.« Ich weiß nicht genau, was er damit meinte. Was sollte Bubis in den fünfziger Jahren denn so Schlimmes getan haben? Aber das jemandem

NEUERSCHEINUNGEN

Herbst 2014 – eine Auswahl

Psychologie & Modernes Leben

Leben mit Kindern

Religion & Gesellschaft

Psychologie & Modernes Leben

Wer kennt sie nicht? Selbstzweifel, die uns verunsichern, das Vertrauen in uns selbst und in andere Menschen untergraben. Die erfahrene Psychotherapeutin und Bestsellerautorin Bärbel Wardetzki zeigt, wie wir einen gelassenen Umgang mit Selbstzweifeln lernen können. Je mehr wir wissen, wie es zu diesen Angriffen auf unser Selbstwertgefühl kommt und welche Möglichkeiten wir haben, uns davor zu schützen, umso souveräner können wir neuen Situationen begegnen. Selbstvertrauen ist dabei das Schlüsselwort. Bärbel Wardetzki unterstützt die Leser dabei, Sicherheit in sich selbst zu finden, sich auf sich selbst zu verlassen und sich als die Person zu schätzen, die man ist. Wirksame Selbsthilfe: praktisch, kompakt und übersichtlich.

Bärbel Wardetzki
Souverän und selbstbewusst
Der gelassene Umgang mit Selbstzweifeln
144 Seiten. Durchgehend zweifarbig. Klappenbroschur
€ 14,99 [D]
€ 15,50 [A]
*CHF 21,90
ISBN 978-3-466-31028-9
Auch als E-Book erhältlich

Hans-Peter Unger; Carola Kleinschmidt
»Das hält keiner bis zur Rente durch!
Damit Arbeit nicht krank macht:
Erkenntnisse aus der Stress-Medizin
ca. 288 Seiten. Gebunden mit Schutzumschlag
ca. € 19,99 [D] | € 20,60 [A] | *CHF 28,5
ISBN 978-3-466-31006-7
Auch als E-Book erhältlich

Warum fällt es so schwer, aus de Hamsterrad auszusteigen, obwo wir wissen, dass es uns krank macht? Die beiden renommierte Autoren fühlen den Ursachen de Stress-Plage den Puls. In ihrem neuen Buch entwerfen sie das Modell der Gesundheitsspirale auf drei Ebenen: im persönlichen Alltag, auf Unternehmensebene und gesamtgesellschaftlich. Ein wissenschaftlich fundiertes, erkenntnisreiches und höchst aktuelles Werk, das sich zudem als spannendes Lesevergnügen entpuppt.

zu sagen, der seinen Vater zur Gaskammer hat gehen sehen und der sich sein ganzes Leben lang mit der Frage beschäftigte, ob er seinen Vater nicht in die Gaskammer hätte begleiten sollen – da muss man schon eine Kälte, eine schnodderige Skrupellosigkeit haben, die einem den Atem verschlägt.

Hatten Sie den Eindruck, dass allein die Tatsache, dass Walser und Bubis damals miteinander sprachen, dazu führte, die Gemütslage des jeweils anderen besser zu verstehen?

Nein, denn Martin Walser ist ja bei seiner Meinung geblieben. Ich glaube, erst Jahre später, als er im Frankfurter Jüdischen Museum eine Ausstellung über Bubis besuchte, der inzwischen längst gestorben war, soll er geäußert haben, er habe damals im *F.A.Z.*-Gespräch Dinge gesagt, die er heute nicht mehr wiederholen würde.

Sie waren bei dem Gespräch dabei?

Nein.

Wann haben Sie von den Einzelheiten und Abläufen jenseits des in der Zeitung wiedergegebenen Gesprächs erfahren?

Bubis selbst hat mir davon erzählt.

Man muss doch auch sagen, dass es kein Land gibt, das sich seiner Geschichte so umfassend gestellt hat wie Deutschland.

Später oder direkt danach?

Direkt danach, wir waren ja oft zusammen. Er hat mir erzählt, dass da Welten aufeinanderprallten, dass eine Einigung gar nicht möglich war.

Es ist gesagt worden, dass Walsers Rede nicht vom Himmel fiel. Dass nämlich im Bundestagswahlkampf Michael Naumann sich für die Wiedererrichtung des

Berliner Stadtschlosses aussprach, aber gegen ein Holocaust-Mahnmal. Können Sie das nachvollziehen?

Da sehe ich überhaupt keinen Zusammenhang.

Wollte Walser einen Schlussstrich? Und wollen die Deutschen nicht schon längst ein solches Ende der Debatte um deutsche Schuld?

Walsers Rede hat den Eindruck vermittelt, er wolle einen Schlussstrich. Er hat diesem Wunsch einen literarischen Anstrich gegeben. Und als eine hochgeachtete Persönlichkeit hat er mit seiner Rede dem Stammtisch Legitimation verschafft. Dass die Deutschen heute einen Schlussstrich wollen, das glaube ich nicht. Es gibt zwar Leute, die sagen »Ich kann es nicht mehr hören«, oder die bei entsprechenden Filmen abschalten und sagen »Da habe ich heute aber keine Lust drauf«. Aber das sind doch bestimmt nicht automatisch Antisemiten oder Holocaust-Leugner.

Die allermeisten Deutschen stellen sich der Vergangenheit?

Ja. Man muss doch auch sagen, dass es kein Land gibt, das sich seiner Geschichte so umfassend gestellt hat wie Deutschland. Hier war es auch besonders nötig, das stimmt. Aber diese Verantwortung hat man doch sehr ernst genommen. Es wäre ungerecht zu behaupten, dass in diesem Land die große Mehrheit einen Schlussstrich wollte. Natürlich haben wir Juden eine andere Sensibilität als die Nichtjuden. So, wie wir sozialisiert, auch tief traumatisiert sind, sind wir beim Thema Holocaust naturgemäß sensibler als jeder andere. Uns kann es mit der Thematisierung nicht genug sein, wo andere sagen »Nun lass es mal gut sein«.

Walser hat gesagt, Teile seiner Rede seien auch auf die politische Linke gemünzt gewesen, die immer gesagt habe, die deutsche Teilung sei die verdiente Strafe für Auschwitz und nach einer Wiedervereinigung drohe ein neues Auschwitz.

Um das in die Rede hineinzuinterpretieren, braucht man sehr viel Phantasie. Mir selbst fehlt sie in diesem Fall.

Wenn wir mal den Blick auf drei Schlussstrich-Debatten richten – Historikerstreit 1986/87, die Walser-Rede 1998 und 1995 die Diskussion um den 8. Mai, als es darum ging, die Befreiung Deutschlands in eine Niederlage umzumünzen – welche dieser drei Debatten war für Sie die schmerzlichste?

Für mich eindeutig Walser und die Folgen. Weil er einem dumpfen Gefühl den Anstrich der Legitimität gab. Weil nun jeder sagen konnte: »Wenn jemand wie Walser sagt, wir können es nicht mehr sehen und hören, es reicht jetzt, immerzu wird unsere Schande vorgeführt, dann ist doch was dran.«

Können Sie Ihr Urteil über Walser als Redner in der Paulskirche von dem über ihn als Schriftsteller trennen?

Aber selbstverständlich. Ich lese übrigens gerade jetzt wieder ein Buch von ihm. Er ist ohne Zweifel einer der wortmächtigsten und besten Schriftsteller deutscher Sprache.

Im Jahr 2012 setzte das Simon Wiesenthal Center Martin Walsers leiblichen Sohn Jakob Augstein auf die Top-Ten-Liste der größten Antisemiten. Für den *Spiegel* fand dann hier in diesem Besprechungszimmer in Frankfurt bei Ihnen, in dem wir jetzt auch sitzen, ein Streitgespräch zwischen Ihnen und Herrn Augstein statt. Fühlten Sie sich erinnert?

Ja, und das habe ich auch ausdrücklich gesagt: »Vor dreizehn Jahren haben Ignatz Bubis und Ihr leiblicher Vater Martin Walser hier in Frankfurt bei der *F.A.Z.* zusammengesessen und er hat damals schreckliche Dinge gesagt. Und heute sitzen wir hier zusammen, um wieder darüber zu diskutieren: Wo beginnt der Antisemitismus? So viel scheint sich in den Jahren gar nicht verändert zu haben!«

Was ist Ihnen sonst noch aus diesem Streitgespräch in Erinnerung geblieben?

Da gab es einen Augenblick, der mich sehr berührte und mir zeigte, dass wir beide einfach ganz anders sozialisiert sind. Jakob Augstein ist am Ende des Gesprächs gebeten worden, etwas über seine beiden Väter, über Rudolf Augstein und Martin Walser, zu sagen. Und da hat er erzählt, Rudolf Augstein habe am linken Unterarm eine Kriegsverletzung gehabt, was ihn, den Jungen, immer sehr bewegt habe. Das sei ein Zeichen dafür gewesen, was Augstein im Krieg durchgemacht habe. Es war natürlich in Ordnung, dass er das würdigte. Aber im selben Moment habe ich mir gedacht: Er sitzt hier mit mir zusammen und spricht von einer Kriegsverletzung am linken Unterarm – und wie viele jüdische Menschen kenne ich, zum Bespiel meinen eigenen Schwiegervater, die am linken Unterarm die Tätowierung aus den Konzentrationslagern trugen, in denen sie entmenschlicht wurden! Nun will ich nicht beides gegeneinander aufrechnen, aber die Sache hat mir wieder einmal gezeigt, dass es bei allem argumentativen Austausch Sphären unterschiedlicher Gefühlswelten und Sozialisationen gibt. Noch einmal: Ich unterstelle Herrn Augstein hier gewiss keine böse Absicht, ich konstatiere an dieser Stelle nur, wie unterschiedlich wir oft »ticken«. Primo Levi hat über diese Tätowierungen geschrieben, sie seien das Symbol dafür gewesen, dass man gar kein Mensch mehr war.

Wäre Ihnen diese Phase des Gespräches erträglicher gewesen, wenn Herr Augstein an die Verwundung des Vaters und gleichzeitig an die Schreckensmale der Juden erinnert hätte?

Die biographische Erinnerung an Rudolf Augstein war für sich genommen doch völlig legitim. Aber sie fiel am Ende eines etwa zweistündigen, sehr temperamentvollen Gespräches, in dem ich ihm auch vorgeworfen hatte, allzu eisig und kaltherzig über Israel zu urteilen, keinerlei Empathie zu zeigen – und dann fällt so ein Satz.

Haben Sie Ihre Irritation thematisiert?

Nein, ich wollte hier nicht noch einmal nachhaken. Aber an diesen Moment musste ich noch sehr lange denken.

9 »Natürlich darf man Israel kritisieren«

Das Grass-Gedicht

Herr Graumann, haben Sie eine Erklärung dafür, dass Schriftstellern in politischen Angelegenheiten gelegentlich eine höhere Urteilsfähigkeit zugesprochen wird als Normalsterblichen? Dabei haben Schriftsteller von Hamsun bis Sartre viel politischen Unsinn verbreitet.

Als jemand, der so gern liest, möchte ich mir meine Illusionen über Autoren gern bewahren. Schriftsteller werden von der Öffentlichkeit als schreibende Intellektuelle betrachtet, die ganz besonderer Einsichten fähig seien. Aber die Fähigkeit, einen Roman oder ein Theaterstück meisterhaft zu komponieren, hat natürlich noch gar nichts mit politischer Urteilskraft zu tun. Wer hinreißend über die Liebe schreiben kann, muss noch kein Experte sein für deutsche Parteipolitik oder etwa für den Nahen Osten.

Womit wir schon bei dem Gedicht »Was gesagt werden muss« von Günter Grass sind. Die *Süddeutsche Zeitung* hat sich damals entschlossen, das Gedicht zu drucken, *Die Zeit* hatte sich dagegen entschieden. Louis Begley sagte, der eigentliche Skandal sei, dass Grass unter Einsatz seines Namens es zur Veröffentlichung eines billigen Prosa-Textes bringen konnte, den er als Dichtung ausgab. Wenn Sie als Chefredakteur zu entscheiden gehabt hätten, wären Sie für eine Veröffentlichung gewesen?

Ganz sicher nicht. Was ich enttäuschend fand: Die *Süddeutsche Zeitung* hat das Gedicht damals ohne Kommentierung, ohne Erklärung, ohne jede Distanzierung abgedruckt. Und wenn ich jetzt noch in Rechnung stelle, dass dieselbe Zeitung vor einiger Zeit, im Sommer 2013, eine Karikatur mit einem Text versehen hat, deren Wirkung nach meinem Gefühl in dieser Kombination von großer antisemitischer Scheußlichkeit war, dann tut mir das bei einer so renommierten Zeitung ganz besonders weh. Zumal sie auch im Frühjahr 2014 wieder eine Karikatur publizierte, die wiederum, meiner Meinung nach zu Recht, in dieser Hinsicht mehr als kritikwürdig war. Da wünschte ich mir manchmal schon ein wenig mehr Sensibilität.

Herr Grass muss sich doch wohl am wenigsten Sorgen machen, gehört zu werden.

Aber es entspricht doch intellektueller Redlichkeit, einen Text zu veröffentlichen, damit die Leser sich ein Bild von diesem Text machen können.

Selbstverständlich. Ich sage weder, Grass dürfe nicht zu Wort kommen, noch fordere ich etwa Zensur. Herr Grass muss sich doch wohl am wenigsten Sorgen darüber machen, gehört zu werden. Obwohl er in dem Gedicht ja weinerlich beklagt, er dürfe nicht sagen, was er eigentlich zum Ausdruck bringen wolle. Es fragt sich nur, ob eine große deutsche Tageszeitung sich diesen Text quasi zu eigen macht, indem sie ihn unkommentiert veröffentlicht. In der *F.A.Z.* hat Herr Schirrmacher einen glänzenden Artikel geschrieben, in dem er das Gedicht brillant auseinandernahm.

Auch die *taz* brachte Zitate, und Henryk Broder hat sie gleichzeitig kommentiert. Aber jetzt noch eine andere Frage: Was war falsch: das Gedicht oder dass es von Grass stammte?

Natürlich das sogenannte »Gedicht«. Aber was heißt schon »falsch«? Erst einmal war es gar kein Gedicht, es war der Etikettenschwindel vermeintlicher Lyrik. Vielleicht wollte Grass seine politische Aussage mit der Kulturkapuze tarnen, um sie gegen Kritik zu immunisieren. Aber das ist zum Glück schiefgegangen. Dieses Opus war nämlich nach meinem Gefühl absolut infam. Jedenfalls habe ich es so empfunden. Für mich erfüllt es durchaus die Kriterien von antisemitischem Charakter. Mein zentraler Kritikpunkt ist, dass Israel darin zum Sündenbock für alle Übel schlechthin gemacht wird. Da regiert das reine Ressentiment. Wenn Grass behauptet, Israel wolle den Iran auslöschen, dann müssen wir alle wohl etwas verpasst haben. Oder wenn er den damaligen iranischen Präsidenten verharmlost. Oder wenn er sich bitter darüber beklagt, dass er nicht zu Wort habe kommen können. Jetzt aber, da das Unglück unmittelbar bevorstehe, sage er die Wahrheit, weil er und andere »Überlebende« Zeuge dessen seien, was einmal geschehen könnte, da könne er nicht länger schweigen. Er benutzt tatsächlich das Wort »Überlebende« und wendet es ganz bewusst gegen Israel und die Juden! Auch das ist eine ausgesprochen böse, giftige Gemeinheit. So habe ich es jedenfalls gelesen und empfunden.

Ist Grass in Ihren Augen Antisemit?

Das glaube ich nicht. In seinem ganzen Werk gibt es, soweit ich sehe, keine einzige Spur von Judenhass. Aber dieses Gedicht hat antisemitische Züge, da gibt es für mich keine Zweifel.

Marcel Reich-Ranicki hat zu diesem Punkt wörtlich gesagt: »Ich meine, es gibt eine große Anzahl von Bürgern in diesem Land – gab es vor fünfzig Jahren, vor dreißig Jahren, gibt es heute –, die antisemitische Neigungen haben. Und Günter Grass drückt das aus.«

Das ist ein bisschen wie bei Walser. Er verhilft dem dunklen Gefühl »Israel ist an allem schuld« – übersetzt: »die Juden sind an allem schuld« – zu einem Stück vermeintlicher Legitimität. Ich will ihn jetzt nicht auf die Couch des Analytikers legen, das steht mir gar nicht zu, aber man muss sich doch fragen, ob dieses Gedicht nicht auch etwas mit Grass' Biographie zu tun hat. Mit der Biographie eines Mannes, der uns allen jahrzehntelang verschwiegen hat, dass er als junger Mann bei der Waffen-SS war. Wer in diesem Gedicht immer wieder vom Schweigen spricht, der muss am Ende vor allem sein eigenes Schweigen verantworten.

Aber Sie haben uns ja bereits verraten, dass Sie ganz gern Psychologie studiert hätten. Deswegen noch einmal die Frage: Einem Land, das von Auslöschung bedroht ist, vorzuhalten, ein anderes Land mit Auslöschung zu bedrohen – woher kommt so etwas, wenn man es psychologisch deuten müsste?

Bei der Israel-Kritik gibt es in der Tat – ganz sicher in Deutschland – Formen der Schuldübertragung. Das ist wirklich ein deutsches Phänomen. Hier gibt es, wie mir scheint, oft fast schon eine Obsession mit dem jüdischen Staat. Kritik an Israel gibt es zwar auf der ganzen Welt. Aber in Deutschland ist bei einigen doch oft die verräterische Hoffnung festzustellen, die Verbrechen der eigenen Vorfahren werden vielleicht etwas geringer, wenn die Nachfahren der Opfer so ähnlich wären wie die Nazis damals. Ganz früher konnte man überspitzt sagen: Die Täter passen auf, dass die Opfer nicht rückfällig werden. »Die Deutschen werden den Juden Auschwitz nie verzeihen«, hat der israelische Psychoanalytiker Zwi Rex das einmal sarkastisch formuliert. Heute muss man differenzieren: Die Nachfahren der Täter spielen sich auf als selbsternannte Bewährungshelfer und wollen aufpassen, dass sich die Nachfahren der Opfer auch gut benehmen. Und an der Stelle landen wir wieder bei Grass: Wenn er sagt, von Israel werde der Weltfrieden bedroht, von Israel gehe auf der Welt die größte Gefahr aus, dann ist das von der Wirklichkeit so weit entfernt, dass es nur noch hässlich und ekelhaft ist. Und falsch obendrein. Ich glaube, wenn einer antisemitische Klischees benutzt, dann müssen wir auch den Mut haben, dies so zu benennen.

Henryk Broder hat Grass »den Prototypen des gebildeten Antisemiten« genannt.

Das ist zwar nicht meine Formulierung, aber ich bleibe dabei: Dieses Gedicht hat für mich eindeutig antisemitischen Charakter.

Darf man Israel kritisieren?

Ja. Das ist doch so selbstverständlich. Warum müssen wir das denn eigentlich immer wieder beteuern, fast schon sogar wie ein Mantra? Wer Israel kritisiert, verdient auch keineswegs eine Tapferkeitsmedaille, sondern schwimmt leider viel zu gemütlich im gesellschaftlichen Mainstream. Tatsache ist doch: Nicht Israelkritik ist ein Tabu.

Wer Israel kritisiert, verdient keine Tapferkeitsmedaille, sondern schwimmt leider viel zu gemütlich im gesellschaftlichen Mainstream.

Vielmehr ist heutzutage schon zu oft die Kritik von Israelkritik ein Tabu.

Haben Sie selbst schon Israel kritisiert?

Nicht Israel, aber doch israelische Politik. Nirgendwo wird übrigens israelische Politik so leidenschaftlich kritisiert wie in Israel selbst. Und natürlich darf man auch außerhalb Israels israelische Politik kritisieren. Aber ich denke oft an Joschka Fischer, der gesagt hat, wenn jemand in Bezug auf Israel die Formulierung verwendet »Man wird ja wohl nochmal sagen dürfen …«, dann werde er besonders hellhörig. So geht es mir auch. Und es ist auffällig, dass Günter Grass' Gedicht genau den Titel trägt »Was gesagt werden muss«.

Wie unterscheiden Sie zwischen legitimer Kritik und Antisemitismus?

Natan Sharansky hat ja den sogenannten »Drei-D-Test« entwickelt: Wo Israel delegitimiert, dämonisiert und denunziert wird, beginnt für ihn der Antisemitismus. Auch der Antisemitismus-Bericht des Deutschen Bundestages verwendet diese Definition.

Aber auch »Dämonisierung« ist ein dehnbarer Begriff.

Selbstverständlich. Ob etwas nur drastisch oder schon dämonisierend ist, das liegt doch sehr im Auge des Betrachters. Und natürlich ärgern mich auch Doppel-Standards in der Beurteilung politischer Sachverhalte. Natürlich ärgert es mich auch, wenn die Welt zu Syrien schweigt und Israel mit Kritik überhäuft. Aber ich selbst kann einen Kritiker Israels nicht schon deshalb antisemitisch nennen, nur weil er etwa zu den Zuständen in Syrien, Nicaragua oder im Kongo schweigt.

Haben Sie einen anderen Maßstab, an dem Sie Antisemitismus festmachen?

Ja, ich selbst benutze für mich lieber den »DNS-Test«: D für Delegitimierung, also wenn man Israel als dem einzigen Staat auf der ganzen Welt die reine Existenzberechtigung abspricht. N für Nazi-Vergleiche, wenn man die Israelis von heute mit den Nazis von einst vergleicht. Und S wie Sündenbock, wenn man Israel für alles Übel verantwortlich macht, wenn man den schrecklichen Satz Heinrich von Treitschkes »Die Juden sind unser Unglück« heute plump und platt auf Israel überträgt: »Israel ist das Unglück der Welt«.

Was ist Antisemitismus, was ist bloße Dummheit?

Man sollte hier vielleicht ein bisschen auch unserem jüdischen Instinkt vertrauen, er musste sich schließlich über Jahrtausende hinweg schärfen. Versuchen Sie mal, generell zu beschreiben, was eine schöne Frau ausmacht. Das ist sehr schwierig. Aber wenn eine vor einem steht, dann weiß man's genau. Mit dem Antisemitismus ist es bei uns Juden genauso: Wenn er uns begegnet, erkennen wir ihn sofort. Eli Wiesel hat einmal gesagt: »Wir Juden haben gar keine Antennen für Antisemitismus. Wir sind die Antennen.«

War das Einreiseverbot, das die israelische Regierung gegen Günter Grass aussprach, klug?

Sehen Sie, das ist ein recht gutes Beispiel dafür, dass die Vorstellung, Juden seien immer so besonders klug, einfach nicht zu halten ist. Natürlich war auch Grass' Antwort, das sei ja wie in der DDR, wiederum nicht besonders klug. Den damals nicht sonderlich glücklich agierenden israelischen Innenminister Eli Yishai mit Erich Mielke, mit Stacheldraht und Schießbefehl gleichzusetzen, war auch mehr als schräg.

In den Stunden der Not hatten Juden keinen Platz auf der Welt, an den sie fliehen konnten.

Wolf Biermann hat über Grass gesagt: »Ich verteidige ihn schweren Herzens im Namen der Meinungsfreiheit, von der wir alle leben.«

Ja, klar, da sind wir bei Rosa Luxemburg, nach der Freiheit immer auch die Freiheit des Andersdenkenden ist. Günter Grass, bei allem, was er an Scheußlichem geschrieben hat in diesem Gedicht, ist ja schließlich kein NPD-Funktionär. Man darf ihm gewiss nicht den Mund verbieten, ganz sicher nicht. Keiner will das!

Was bedeutet Ihnen Israel?

Lassen Sie mich mit meiner Antwort im Jahr 1938 beginnen. Damals gab es die große Flüchtlings-Konferenz von Evian. Auf ihr wollte man unter amerikanischer Führung besprechen, wie die Auswanderungsmöglichkeiten für die verfolgten Juden aus Deutschland und Österreich verbessert werden könnten. Ergebnis: null. Die junge Golda Meir

Mit Brille:
Graumann an der
Klagemauer

hat später berichtet, wie schrecklich es für sie war, als Beobachterin mit ansehen zu müssen, dass 32 Länder wortreich erklärten, sie wollten den bedrängten Juden doch so schrecklich gerne helfen, könnten es selbst aber leider nicht tun.

»Niemand will sie haben«, hat danach der *Völkische Beobachter* böse und triumphierend getitelt.

Zum Schluss der Konferenz hatte ein Vertreter der kanadischen Delegation die Frage nach Einreiseoptionen in den für mich für ewig unmenschlich bleibenden Worten zusammengefasst: »None is too many« – keiner ist schon zu viel. Dieser Satz sitzt uns allen und mir selbst noch in den Knochen: In den Stunden der Not hatten Juden keinen Platz auf der Welt, an den sie fliehen konnten. Deshalb ist es für Juden weltweit ein großartiges und ein so wichtiges Gefühl, dass es den jüdischen Staat Israel gibt. Ich glaube, daher rührt auch zu einem großen Teil diese immense Solidarität der Juden in aller Welt mit Israel. Wir wissen eben, hier gibt es ein Land, das in seinen Statuten sagt, jeder Jude darf immer zu uns kommen. Und wer will, wird sogar auch gleich israelischer Staatsbürger.

Gilt ein solches Gefühl der Dankbarkeit auch für Sie ganz persönlich?

O ja. Wenn meine Eltern oder deren Eltern schon eine Zuflucht wie Israel gehabt hätten, wäre ihr Schicksal ganz sicher ganz anders verlaufen.

Und hätten Sie eine Idee, wie der Nahost-Konflikt zu lösen wäre?

Ich glaube, jeder, der sich damit beschäftigt, denkt, er wüsste, wie er zu lösen ist. Denn es sind im Prinzip ja nur wenige Dinge, über die es Verhandlungen geben müsste, aber schwer bleibt es, eine Einigkeit über den Weg herzustellen. Entscheidend ist aber: Wer den Frieden will, muss den anderen natürlich akzeptieren und überhaupt leben lassen wollen. Solange aber auf palästinensischer und auch insgesamt auf arabischer Seite zu oft selbst der Frieden nur genutzt werden soll, um Israel dann doch wieder zu überwinden und zu zerstören – solange ist es gar kein Frieden, sondern leeres Gerede. Und solange in arabischen Schulbüchern die Herzen der Kinder mit Hass auf alle Juden vergiftet werden – solange bleibt der Frieden allerdings doch so weit entfernt wie wir vom Mond.

Ihre Kurzversion einer Lösung?

Zuallererst muss eben eine generelle, glaubwürdige Akzeptanz gewährleistet sein. Die Akzeptanz eines jüdischen Staates in der Region ist nicht nur seitens der Palästinenser, sondern auch von den umliegenden arabischen Staaten und dem Iran für einen ehrlichen und langfristigen Frieden absolut erforderlich. Was die Israelis und Palästinenser angeht, so muss die Zwei-Staaten-Lösung weiterhin das Ziel sein. Es muss zwei Staaten geben, die nebeneinander in Sicherheit leben können und miteinander auch wirklich in Frieden leben wollen. Jerusalem muss so regiert werden, dass alle damit leben können – wobei die israelische Hoheit für die Heiligen Stätten für mich unabdingbar ist, gerade weil wir doch lange so schmerzlich erfahren haben, dass nur so der freie Zugang für alle zu gewährleisten ist. Für die Siedlungsblöcke muss man mit Phantasie und mit Sensibilität, eventuell mit Gebietsaustausch, vernünftige Lösungen finden. Das sollte auch möglich sein. Und das geforderte Rückkehrrecht der Palästinenser, die übrigens als einziges Volk den Flüchtlingsstatus an die Nachkommen übertragen, muss gerecht und für alle zumutbar finanziell entgolten werden. Und wichtig ist und bleibt selbstredend die absolute Abkehr von Terrorismus oder jeglicher Unterstützung von Terroristen auf palästinensischer Seite. Das ungefähr wären die Leitlinien, das weiß man aber schon seit mindestens zehn Jahren.

Tango und Frieden brauchen Partner.

Setzen Sie auf Gespräche?

Auf was denn sonst? Gespräche sind immer besser als jede andere Alternative. Man muss auch immer optimistisch sein. Schimon Peres sagt, Optimisten und Pessimisten sterben zur gleichen Zeit, da ist es schon besser, dass man Optimist ist und als Optimist stirbt. Peres glaubt an den Frieden und sagt, der Frieden werde ganz, ganz sicher kommen. Er wisse zwar nicht, ob er es mit seinen mehr als 90 Jahren noch erlebe, aber irgendwann werde Friede herrschen. Auf der palästinensischen und der arabischen Seite muss die Einsicht wachsen, dass man Israel nicht überwinden kann und auch nicht auslöschen will. Dass man sich mit Israel auf Dauer arrangiert. Es muss nicht gleich und sofort eine Herzensfreundschaft sein. Das kann später kommen. Die Bereitschaft für ein Miteinander muss aber gegeben sein.

Eine sehr hypothetische Frage: Wären wir weiter im Friedensprozess, wenn Yitzhak Rabin nicht ermordet worden wäre?

Das glaube ich nicht. Auch Rabin brauchte Partner auf der anderen Seite: Tango und Frieden brauchen Partner.

Sehen Sie auf palästinensischer Seite Ansätze für eine Friedenspolitik?

Es gibt auf palästinensischer Seite ja auch unterschiedliche Stimmen und Strömungen. Das ist dort längst nicht so offen und plural wie in Israel, wo auch oft viele kritische Stimmen gegen die eigene Regierung laut werden. Aber jemand wie Mahmud Abbas – so hört man es jedenfalls in der israelischen Politik – wäre durchaus jemand, mit dem man Frieden schließen könnte. Aber er steht ja selbst unter enormem Druck, vor allem von Seiten der Hamas. Die aktuelle »Versöhnung« der Fatah mit der durch und durch antisemitischen Terrorgruppe Hamas, deren elementare Existenzgrundlage der reine Hass ist, lässt natürlich erheblichen Zweifel am Friedenswillen auf palästinensischer Seite aufkommen. Die Hamas fordert bis heute in ihrer Charta, dass nicht etwa »nur« Israel ausgelöscht werden sollte, sondern dass alle Juden weltweit ermordet werden müssten. Wer sich mit so einer Gruppe »versöhnt«, muss wissen, worauf er sich einlässt. Viele westliche Politiker und die EU befürworten diese vermeintliche Einigung sogar. Mir bleibt es aber immerzu ein Rätsel, wie naiv und geradezu schon fahrlässig hier oft interpretiert wird.

Insgesamt bleibt die Frage, ob Abbas genügend Rückhalt in seinen eigenen Reihen hat, um mit weitreichenden Kompromissen Frieden schließen zu können. Mit der Hamas wird dies bestimmt nicht möglich sein. Arafat wäre sicherlich insofern der bessere Verhandlungspartner für Israel gewesen, weil er intern die größere Akzeptanz hatte. Aber er hat seinerzeit ein mehr als großzügiges Angebot, wie es sich wohl niemals mehr wiederholen wird, in letzter Minute abgelehnt, kein Mensch weiß bis heute, warum. In der Stunde der Entscheidung war er eben vielleicht doch nicht der Staatsmann, der vom Schicksal gefordert war.

In manchen Demonstrationen zum Gaza-Konflikt im Sommer 2014 sehen Sie »reinen und blanken Judenhass«, der mit Kritik an israelischer Politik nichts zu tun habe. Wie erklären Sie sich diesen Ausbruch von Antisemitismus?

Bestimmt nicht allein wegen der Situation im Nahen Osten. Wer wegen Israel zum Antisemiten wird, war doch längst einer. Natürlich stehen wir Juden fest auf der Seite der Menschen in Israel. Und wenn Kinder sterben, egal auf welcher Seite, berührt uns das sehr. Noch einmal: Auch israelische Politik kann selbstverständlich kritisiert werden. Wer aber brüllt, dass Juden verbrannt oder geschlachtet werden sollen, der übt gar keine Kritik an der israelischen Regierungspolitik, der praktiziert nur widerlichen Antisemitismus. Viele jüdische Menschen fragen mich jetzt wieder, ob sie das Land verlassen sollen.

Ihre Antwort?

Dass wir uns von unseren Feinden bestimmt nicht unterkriegen lassen. Und wenn man hier lebt, gibt man nicht plötzlich alles auf. Aber junge Eltern fragen, ob sie ihre Kinder in Deutschland großziehen können. Und Ältere zweifeln, ob es nicht ein Fehler war, hiergeblieben zu sein. Solche Fragen habe ich seit Jahren nicht mehr gehört.

Den Muslimverbänden werfen Sie vor, nicht genug gegen Antisemitismus zu unternehmen. Ist die Judenfeindlichkeit von Muslimen ohne ihre religiösen Hintergründe erklärbar?

Wir weisen schon seit Jahren auf Antisemitismus in muslimischen Communities hin und darauf, dass auf Schulhöfen das Wort »Jude« als Schimpfwort benutzt wird, und das weit überwiegend von muslimischen Jugendlichen. Die muslimischen Verbände tun zu wenig dagegen, sie versprechen es nur. Die schlimmsten Kundgebungsparolen wie »Juden ins Gas« oder »Juden sollen geschlachtet werden« sind größtenteils von radikalen Muslimen geschrien worden. Diese Menschen sprechen bestimmt nicht für alle oder die Mehrheit der Muslime im Land, aber es hat doch keinen Sinn, wegzuschauen und zu beschwichtigen.

10 »Jüdisches Leben wäre nicht mehr möglich gewesen«

Über die Beschneidungsdebatte

Im Juni 2012 entschied das Landgericht Köln, die Beschneidung von Jungen aus religiösen Gründen sei strafbar. Das Grundrecht des Kindes auf körperliche Unversehrtheit überwiege die Grundrechte der Eltern, hieß es im Urteil. Können Sie Verständnis für die Position aufbringen, man solle Beschneidungen erst vornehmen, wenn die Kinder in einem Alter sind, in dem sie zustimmen?

Für mich war es verblüffend, dass wir Juden die Brit Milah, die Beschneidung von Jungen, als elementares Gebot unserer Religion doch schon seit Jahrtausenden machen, und zwar nicht etwa im Geheimen, gar nicht etwa konspirativ, dass aber die meisten Menschen, unter ihnen auch sehr viele gebildete Leute, davon überhaupt gar nichts wussten. Übrigens hatten auch sehr viele führende Politiker keine Ahnung von der Knaben-Beschneidung. Im Übrigen kann ich sehr gut nachvollziehen, dass man dann zunächst einmal kritische Fragen stellt – es geht schließlich um Kinder, da erwacht doch sofort der Schutzgedanke, ganz klar.

Aber?

Aber es geht doch auch um die Frage: Welchen Respekt hegt man vor der Religion? Welchen Respekt bringt man religiösen Traditionen überhaupt entgegen? Die Idee, männliche Jugendliche zu beschneiden oder Kinder erst dann, wenn sie selbst darüber entscheiden können, mag ja theoretisch schön und gut sein, sie ist dann nur eben gar kein Judentum mehr. Im Judentum gibt es kein Gebot, das so identitätsstiftend wäre wie das der Knaben-Beschneidung. Das Beschneidungsgebot steht in der Thora, es ist konstitutiv für das Judentum. Es gibt auch kein anderes Gebot, das im Judentum über Jahrtausende hinweg so konsequent befolgt wird, und zwar von allen jüdischen Strömungen gleichermaßen, von orthodox bis liberal, traditionell bis Reform. Wenn man dann versucht, mit uns sozusagen zu feilschen und zu »handeln« und sagt: »Macht es doch nicht am achten Tag, sondern mit zehn oder zwölf oder vierzehn Jahren«, dann antworte ich: Wir haben hier doch gar keinen Spielraum, wir haben absolut gar keine Verhandlungsfreiheit, kein Verhandlungsmandat, wir können auch kein »Judentum light« anbieten, das dann gar keins mehr wäre. Ohne Beschneidung kein Judentum. So schwer es manchen auch fallen mag zu verstehen: Wir müssen unser Judentum bewahren und dazu stehen. Übrigens wurden ja auch nicht nur wir angegriffen, sondern auch unsere muslimischen Mitmenschen. In dem Fall, der das Urteil ursprünglich ausgelöst hatte, ging es ja um einen muslimischen Jungen. Wir haben uns in der ganzen Debatte immer explizit auch stark gemacht für das Recht der Muslime, so gesehen haben wir sie immer gleich mitvertreten. Und bemerkenswert war auch, dass uns die beiden Kirchen hier von Anfang an energisch und solidarisch unterstützt haben. Das bestärkt mich in meiner Überzeugung, dass wir noch mehr aufeinander zugehen sollten. Denn uns verbindet viel mehr, als uns jemals trennen könnte. Zwischen den Konfessionen wollen wir eine neue Nähe erreichen, eine versöhnte Verschiedenheit und eine gestaltende Gemeinsamkeit. Dabei können alle nur gewinnen.

Nun gibt es auch andere jüdische Gebote, deren Nichtbeachtung als verzeihliche Sünde gilt, etwa

die Nichtbeachtung der Schabat-Ruhe. Was ist beim Beschneidungsgebot so anders?

Unser Urvater Abraham ist auf göttliche Anordnung durch die Beschneidung einen Bund mit Gott eingegangen. Einen Bund, der das Judentum ausmacht, ja der uns als Juden ausmacht. Für uns hat das eine ganz tiefe, substantielle Bedeutung. Es ist das herausragende Gebot im Judentum, ohne dass ich andere Gebote kleinreden will. Das muss man nicht verstehen. Und noch nicht einmal billigen. Aber respektieren und tolerieren – das allemal!

Große Religionen haben im Laufe der Jahrhunderte Abstand von Geboten oder Verboten genommen, nennen wir als Beispiele die Polygamie oder die Tieropfer. Woher kommt das besondere Beharren im Fall der Beschneidung?

In den Diskussionen ist immer wieder versucht worden, uns zu Sonderregelungen oder Ausnahmeregelungen zu »überreden«. Nach der Art: »Jetzt seid doch nicht so schrecklich stur und verändert die Regeln doch endlich!« Aber es ist doch geradezu lächerlich zu glauben, das kleine Judentum in Deutschland könnte eine elementare Grundregel des Judentums ändern. Keiner von uns kann das, keiner von uns will das. Allenfalls und sehr generell könnte dies in manchen religiösen Fällen das Oberrabbinat in Israel, aber selbst ein Diktum von dort würde bestimmt nicht überall auf der Welt von den Juden akzeptiert werden. Im traditionellen Judentum hat es schon im Laufe der Jahrtausende Veränderungen gegeben, aber nur ganz sachte und nur sehr wenige. Eine dieser Änderungen war die Abkehr von der Polygamie. Sie ist übrigens von einem deutschen Rabbiner seinerzeit aufgehoben worden, von Rabbi Gerschon aus Mainz, der um das Jahr 1000 einfach erklärt hat, Polygamie sei im Judentum nunmehr verboten. Und sein Votum ist in der ganzen jüdischen Welt akzeptiert worden – ein Beispiel übrigens für die damalige Bedeutung des deutschen Rabbinertums in der Welt. Auch die Sklaverei, die bei Abraham, Isaac und Jakob noch erlaubt war, ist im Judentum längst abgeschafft.

Man wird auch in den nächsten viertausend Jahren noch Knaben beschneiden. Dann sehen wir weiter.

Aber mit der Beschneidung ist es eben ganz anders, sie ist für uns konstitutiv. Unsere Religion ist ja kein Bauklotzkasten, aus dem man sich herausholt, was einem gefällt und es neu zusammensetzt. Ich bin mir ganz sicher, man wird auch in den nächsten viertausend Jahren noch beschneiden. Dann sehen wir weiter.

Frau Knobloch, Ihre Vorgängerin, hat sich mit sehr kräftigen Worten in die Beschneidungsdebatte eingeschaltet. Ihr Beitrag in der *Süddeutschen Zeitung* war mit der Frage »Wollt ihr uns Juden noch?« überschrieben.

Ich habe diese Frage sehr gut verstanden, denn manche Beiträge – längst nicht alle – in dieser Debatte haben einen schon fragen lassen, ob wir nicht doch herausgetrieben werden sollten. Denn wie wir es im Internet abertausendfach nachlesen konnten, ist diese Debatte auch missbraucht worden: Manche haben »Beschneidung« gesagt und dann doch »Judenfeindlichkeit« gemeint. Ich schaue, obwohl ich sonst ein Internet-Junkie bin, selten in Blogs, aber in den Zeiten dieser Debatte habe ich es doch getan. Dort bin ich immer wieder auf Antisemitismus von der übelsten, vulgärsten Art und Weise gestoßen. Vollkommen schamlos, nach dem Motto »Geht doch nach Hause und verstümmelt eure Kinder dort«.

Das hat Sie verletzt?

Nicht nur mich. Die Unterstellung, wir würden unseren

eigenen Kindern Leid und Schmerz zufügen, war ganz besonders verletzend. Es wurden schreckliche und wirklich bösartige Gleichsetzungen konstruiert. So wurde die Brit Milah manchmal einfach gleichgesetzt mit der Beschneidung an Mädchen oder mit sexuellem Missbrauch oder der gewalttätigen Prügelstrafe, was diese brutalen Verbrechen doch auf unglaublich verantwortungslose Weise geradezu verharmlost. Hier haben viele die Möglichkeit gesehen, Juden an einer – ganz wörtlich – besonders sensiblen Stelle zu packen. Das ist freilich wie mit der Israel-Kritik: Wer wegen der Beschneidung zum Antisemiten wird, der war schon längst einer. Für viele war es eine Möglichkeit, ihren Antisemitismus scheinbar korrekt auszuleben. Wir sind hier auch mit viel zu vielen hochmütigen und schroffen Belehrungen konfrontiert worden, auf die viele, so habe ich es jedenfalls empfunden, offenbar schon so lange förmlich nur so gewartet hatten.

Finden Sie die Lösung, die der Bundestag gefunden hat, angemessen?

Ja, ich finde, zumal wir ja immer gern auf die Politiker schimpfen, dass die deutsche Politik da ein dickes Lob verdient hat. Sie hat sehr schnell und sehr verantwortlich und entschlossen eine Lösung gefunden, und das gegen eine aufgeheizte und auch zum Teil aufgehetzte Stimmung in der Öffentlichkeit. Das kommt ja nicht so oft vor, dass Politiker sehenden Auges gegen eine deutlich wahrnehmbare Stimmung handeln. Sie haben dafür aus meiner Sicht viel Respekt verdient.

Welche Rolle kann in einer solchen Debatte der Zentralrat auf der nichtöffentlichen Seite spielen? Welches Instrumentarium steht Ihnen in einer solchen Situation zur Verfügung?

Wir haben keine konspirativen Kanäle. Wir melden uns öffentlich zu Wort, wir sprechen auch mit Politikern. Unsere

Experten sind bei den Anhörungen dabei. Ich glaube, wir konnten klarmachen, dass ohne die Beschneidung jüdisches Leben in Deutschland gar nicht mehr möglich gewesen wäre. Die Politik hat das auch deshalb verstanden, weil diese Aussage von uns gerade kein Bluff war. Es ging ja auch nicht darum, ob Deutschland etwa das erste Land auf der Welt wird, das die Beschneidung erlaubt. Sondern darum, ob Deutschland das einzige Land auf der Welt wird, das die Beschneidung verbietet. Dazwischen liegen Welten. Wir Juden sind von unserer Religion her gehalten, die Gesetze des Landes, in dem wir leben, zu beachten. Im Fall des Verbots der Beschneidung wären wir in einem Konflikt gewesen, den wir nur dadurch hätten lösen können, dass wir das Land verlassen hätten. Ich glaube, so weit wollte es niemand kommen lassen, aber es wäre doch die logische Konsequenz gewesen. Darum haben wir auch so intensiv um eine Regelung gekämpft, mit der wir leben können.

Nun ist es natürlich nicht illegitim, einen Politiker auch einmal privat anzurufen, um mit ihm Probleme zu besprechen. Wie viele private Telefonnummern von Politikern haben Sie?

Weniger, als Sie offenbar denken. Und die, die ich habe, nutze ich praktisch gar nicht. Soll ich einen Politiker etwa anrufen, nur um ihn zu fragen, wie es ihm gerade geht?

Manche Liebe ist besonders schön, wenn man sie aus der Ferne genießt.

Aber ernsthaft: In dem Fall der Beschneidungsdebatte war es ja auch nicht nötig, weil wir öffentlich überdeutlich gemacht hatten, worum es uns ging. Und es ging um sehr viel, nämlich um die Zukunft jüdischen Lebens in Deutschland. Ich glaube, man hat schnell verstanden, wie wichtig es uns war. Ich weiß, dass viele Abgeordnete im Deutschen Bundestag vielleicht sozusagen mit zusammengebissenen Zähnen für die neue gesetzliche Regelung gestimmt haben, nach der die Beschneidung nach den Regeln der ärztlichen Kunst erlaubt ist. Aber sie haben es aus Verantwortungsgefühl getan, weil sie wussten, dass man sonst jüdisches Leben in Deutschland unmöglich gemacht hätte.

Sie haben also einen Erfolg erzielt.

Ach, Erfolg würde ich das wirklich nicht nennen. Wir haben ein absolutes Desaster abgewendet. Dank der politischen Vernunft der Abgeordneten. Aber die Debatte hat doch Schrammen und Narben in unseren Seelen hinterlassen. Und ich weiß – und hier schlage ich die Brücke zu einem ganz anderen Thema –, dass ich den Satz »Ohne Beschneidung können wir nicht hierbleiben« nur deshalb sagen konnte, weil wir Israel haben. Es ist ja so ein Standardsatz, wenn wir Reden halten, dass wir sagen »Israel ist unsere Versicherungspolice und gibt uns das wichtige Gefühl, im schlimmsten Fall einen sicheren Hafen zu haben«. Das klingt so nach Standardfloskel, tausendmal gehört. Aber hier haben wir gemerkt, dass es gar keine Floskel war. Ich habe für mich gemerkt, sogar ganz existentiell gespürt: Ja, da ist ein Ort auf der Welt, an den wir immer gehen könnten. In solchen Situationen gibt uns Israel doch auch ganz konkret ein Stück Stärke.

Wenn Sie es für sich konkret durchspielen würden, nach Israel zu gehen, wäre das für Sie, für Ihre Familie, für Ihr Geschäft ja ein ganz radikaler Wechsel.

Ja, ich lebe doch sehr gern in Deutschland. Ich habe mich auch sehr bewusst dafür entschieden, in Deutschland zu leben. Und auch ganz bewusst gerade nicht in Israel. Manche Liebe ist besonders schön, wenn man sie aus der Ferne genießt. Und funktioniert vielleicht auch nur so.

Was würde Sie in Israel am meisten stören?

Mir würden dort zum Beispiel deutsche Zuverlässigkeit und deutsche Gründlichkeit und deutsche Kultur fehlen. An die ich gewöhnt bin und die doch längst ein Teil von mir selbst geworden ist.

11 »Seinem Kurs folgen wir bis heute«

Erinnerungen an Ignatz Bubis

Erinnern Sie sich daran, wann Sie Ignatz Bubis zum ersten Mal begegnet sind?

Ich hatte ihn da und dort schon gesehen, aber bewusst erlebt habe ich ihn als Gast bei meiner Hochzeit. Meine Frau und ich haben in Israel geheiratet, und Ignatz Bubis war dort, weil er seit langer Zeit mit der Familie meiner Frau befreundet war. Als Bräutigam hielt ich bei der Feier eine Rede, auch er sprach dann. Er sagte, er kenne mich zwar nicht, aber er habe meine Rede so toll gefunden, dass er sich wünsche, dass ich bald in den Gemeinderat käme.

War er damals schon Zentralratspräsident?

Nein, aber Vorsitzender der Frankfurter Jüdischen Gemeinde.

Wie fanden Sie seinen Wunsch?

Schon auch ein bisschen frech und übergriffig. Aus einer einzigen Rede auf einen Menschen zu schließen, fand ich außerdem doch etwas gewagt, muss ich sagen.

Was in Ihrer Rede hat ihn wohl beeindruckt? Der Inhalt oder die Rhetorik?

Ich weiß es nicht. Und so eindrucksvoll war sie wohl auch gar nicht.

Wie alt waren Sie, als Sie heirateten?

Ich war 28. Und ich bin dann tatsächlich zwar nicht in den Gemeinderat, aber doch, auf Drängen von Bubis, in die Finanzkommission gegangen. Das war keine große Sache, wir kamen vielleicht dreimal im Jahr zusammen. Aber bei diesen Gelegenheiten erlebte ich, wie eindrucksvoll er agierte. Finanzen sind ja in jeder Gemeinschaft wichtig und wurden bei uns doppelt wichtig genommen. Zu den Sitzungen der Finanzkommission erschien also immer der gesamte Vorstand, das ist bis heute übrigens so, und Bubis kam sowieso, weil er ja auch zusätzlich Finanzdezernent der Gemeinde war. Für mich war es eine tolle Schule. Außerdem lernten wir uns auch dadurch näher kennen, weil wir in der Synagoge viele Jahre lang nebeneinandersaßen.

Hat man da feste Plätze?

Grundsätzlich und meistens schon. Wir saßen also dort immer nebeneinander. Da haben wir dann viel miteinander gesprochen. Und da er immer interessantere Ämter übernahm, wurden seine Erzählungen dann natürlich auch immer spannender.

Wie viele Jahre waren Sie auseinander?

23 Jahre.

War er für Sie eine Respektsperson?

Ja. Aber das war er, glaube ich, für alle, die ihn kannten, für alle, die politisch interessiert waren. Sein Renommee explodierte dann ja förmlich, als er Präsident des Zentralrats wurde. Innerhalb kürzester Zeit – das war eine Sache von ein, zwei Jahren – bekam er in ganz Deutschland einen wirklich sagenhaften Ruf. Obwohl er am Anfang gar nicht unumstritten war. Michael Wolfssohn etwa meinte damals, jemand, der wie Bubis mit Immobilien handle, erfülle ja alle antijüdischen Klischees, so jemand dürfe nicht an der Spitze des Zentralrats stehen.

Ignatz Bubis war der erste Ostjude als Zentralratspräsident. Und Sie sind der zweite. Fühlen Sie sich eigentlich als Ostjude?

Doch, ganz sicher. Ich bin ja aufgewachsen in diesen ostjüdischen Traditionen und natürlich mit und in der jiddischen Sprache, die auch so bezeichnend für das Ostjudentum war. Und mit diesem ganz speziellen Gefühl ohnehin.

Können Sie ein Beispiel nennen?

Ich glaube, man kann schon sagen, dass diese Melange aus Melancholie und Munterkeit recht typisch ist. Diese Erfahrungen aus Leid und Freude, aus Mut und Wehmut, aus Verzweiflung und Fröhlichkeit, auch die ganz besondere Wärme und Sensibilität in sich zu tragen, das ist für mich schon typisch für das Ostjüdische.

Er las Bilanzen so flüssig wie andere einen Kriminalroman.

Kennzeichnete Bubis dieser Gegensatz aus »Himmelhoch jauchzend – zu Tode betrübt« ebenfalls?

Nein, das Traurige habe ich an ihm jedenfalls nicht bemerkt. Falls er diese Seite hatte, hat er sie jedenfalls nicht gezeigt. Er war ja ein sehr extrovertierter Mann, sehr kommunikativ.

Wenn Sie ihn mit drei Eigenschaften kennzeichnen müssten, welche wären das?

Ein »political animal«, der Politik lesen konnte. Jemand, der der jüdischen Gemeinschaft mit ganz sicherem Instinkt einen neuen Kurs verpasst hat. Jemand, der sich stets das Gefühl dafür bewahrt hat, dass es ganz am Schluss immer um einzelne Menschen geht.

Haben Sie sich gesiezt oder sind Sie irgendwann zum Du übergegangen?

Wir haben uns lange gesiezt, aber als ich in den Vorstand der Jüdischen Gemeinde kam, hat er mir das Du angeboten, allerdings duzte er sich mit allen Vorstandskollegen, das war also gar nichts Besonderes. Er war nicht besonders formal, er hat sich mit sehr vielen Menschen geduzt.

Ignatz Bubis hatte durch seine Lebensumstände nur sechs Jahre Gelegenheit, eine Schule zu besuchen. Wie hat er das ausgeglichen?

Wie viele Überlebende, die gesagt haben »Meine Universität war das KZ«, hat Bubis dieses Bildungsdefizit durch die Fähigkeit und den Willen ausgeglichen, ganz viel zu lernen. Bei ihm kamen auch noch viele natürliche Begabungen hinzu. So war er außergewöhnlich sprachbegabt. Er beherrschte nicht nur Polnisch, Deutsch und Jiddisch, sondern auch Englisch, Französisch und ein sehr flüssiges Hebräisch. Er konnte sich überall auf der Welt verständlich machen, sogar auch im Iran, wo er zu Schah-Zeiten Geschäfte machte. Er hat seine schulischen Defizite lebenslang dadurch ausgeglichen, dass er bereit war, Neues aufzunehmen, sich Wissen anzueignen.

Er soll auch einen untrüglichen Blick für Zahlen gehabt haben.

Ja, ich weiß noch, wie er sich Bilanzen von Unternehmen oder Gemeinden vornahm. Er las Bilanzen so flüssig wie andere einen Kriminalroman. Ich war immer verblüfft, mit welcher traumwandlerischen Treffsicherheit er auf Schwachstellen stieß – ich als immerhin gelernter Ökonom hätte das nicht so gekonnt.

Las er Zeitung?

Er las eine Menge Zeitungen, so dass er gut informiert war. Aber das allein reicht ja nicht. Er war sehr kommunikativ, sprach mit vielen Leuten und war hellwach.

Salomon Korn hat beschrieben, wie er Bubis beim Bau des Gemeindezentrums mit einem phantastischen Zahlengedächtnis erlebte.

Das mit den Zahlen kann ich nur bestätigen. Er konnte Zahlen oder Telefonnummern memorieren, dass er damit fast schon im Zirkus hätte auftreten können. Wenn wir in der Finanzkommission die Frage behandelten, ob wir, die Jüdische Gemeinde in Frankfurt, für irgendeines unserer Häuser eine Hypothek aufgenommen hatten, dann wusste er aus dem Kopf, dass wir vor sechs Jahren einen Kredit mit soundso viel Zinsen und soundso viel Tilgung aufgenommen hatten. Unser Geschäftsführer blätterte dann immer in den Unterlagen und siehe da: Alles, was Bubis aus dem Gedächtnis abgerufen hatte, stimmte haargenau. Und daneben hatte er ja auch noch für sein eigenes Geschäft viele Zahlen und Fakten im Kopf zu haben – es war wirklich verblüffend.

Wie lief es denn eigentlich mit seinem Geschäft, als er Zentralratspräsident war? Sie selbst hatten ja gesagt, Ihre Zeit werde durch dieses Ehrenamt zu 95 Prozent absorbiert. Das wird bei Ignatz Bubis ja auch nicht anders gewesen sein.

Ihn hat es wohl mindestens zu 105 Prozent absorbiert. Er ist aber nach wie vor seinem Beruf nachgegangen, hat gemeinsam mit Partnern Immobilien gekauft, manchmal sogar Immobilien, die er gar nicht gesehen hatte. Ich weiß nicht, ob das immer so glücklich war. Als er dann starb, wurde klar, dass er sich nicht in dem Maße um sein Geschäft gekümmert hatte, wie es vielleicht nötig gewesen wäre. Insofern hat er, glaube ich, auch einen wirtschaftlichen Preis dafür gezahlt, dass er so viel Energie in sein Engagement für die jüdische Gemeinschaft aufgebracht hatte.

Mag das dazu beigetragen haben, dass er am Ende seines Lebens so pessimistisch war? Er hat ja in dem berühmten *Stern*-Interview behauptet, er habe nichts erreicht.

Ich glaube, als er das sagte, war er körperlich schon nicht mehr ganz gesund und außerdem sehr stark von der Walser-Debatte geprägt. Er wollte in Deutschland dazugehören, das war ihm ganz wichtig. Er machte zwar Witze darüber, wenn ihn jemand fragte, wie er »seinen« Ministerpräsidenten finde (gemeint war natürlich der in Israel), und er dann prompt antwortete, er möge den hessischen Ministerpräsidenten durchaus sehr. Aber es traf ihn doch. Er hat gesagt: »In mir sieht man immer den Juden, manchmal den Menschen, aber nie den Deutschen.« Wobei dieses Phänomen so neu ja gar nicht war. Schon Ludwig Börne sagte vor 170 Jahren: »Die einen werfen mir vor, dass ich Jude bin, andere verzeihen es mir. Wieder andere loben mich sogar dafür, aber jeder denkt daran.« Manchmal frage ich mich selbst: Hat sich denn wirklich so viel daran geändert?

Bubis sagte immer, er sei ein Deutscher jüdischen Glaubens.

Ja, und deshalb hat es ihn umso mehr getroffen, als er in der Walser-Debatte erlebte, dass viele – auch aus der Elite des Landes, seines »eigenen« Landes – ihn gar nicht verstanden.

Ignatz Bubis hat selbst gesagt, dass er über den Holocaust ewig lange geschwiegen hat und erstmals mit seiner Tochter Naomi überhaupt darüber sprach, als im deutschen Fernsehen die Serie »Holocaust« lief. Sie selbst haben es anders erlebt, Sie wuchsen mit Eltern auf, die darüber sprachen, sprechen mussten. Wie erklären Sie es sich, dass die einen in der Lage sind, über solche Traumata zu sprechen, und die anderen es mit sich selbst abmachen?

Ach, wissen Sie, es gibt eben diese beiden Typen, ich habe das bei Holocaust-Opfern so oft gesehen, die einen sprachen, die anderen schwiegen. Auch mein eigener Schwiegervater hat immer geschwiegen, aber dann ganz spät mit seinen Enkelkindern darüber gesprochen.

Weil die ihn fragten?

Seine Töchter hatten ja auch gefragt, aber ihnen antwortete er nicht. Warum Bubis nicht sprach, weiß ich nicht. Vielleicht aus Scham? Vielleicht weil er die Frage nicht loswurde: Warum habe ich überlebt? Vielleicht wollte er verdrängen?

Er wollte nicht gleich der Menschheit helfen, sondern den Menschen.

Solche schweren Verletzungen der Seele kann man schwer ergründen. Dem einen öffnen die schrecklichen Erlebnisse den Mund, dem anderen verschließen sie ihn.

In seinem Erinnerungsbuch schreibt Bubis: »Dabei haben Ida und ich nie über diese Zeit gesprochen. Es ging nicht darum, ein gemeinsames Thema zu haben, vielleicht im Gegenteil: das Erlebte nicht ansprechen zu müssen, nicht erklären zu müssen und dennoch verstanden zu werden.«

Da sieht man doch, dass da etwas auf die Seele gedrückt hat, dass man froh war, es nicht in Worte kleiden zu müssen. Sehr, sehr viel später hat Ignatz Bubis dann doch darüber gesprochen, dass er seinen Vater bis fast vor die Gaskammer begleitet habe und dass er sich sein ganzes Leben lang gefragt habe, ob er nicht hätte mitgehen sollen. Ich glaube, viel Schlimmeres kann man sich gar nicht mehr vorstellen.

Ignatz Bubis ist tot, und viele andere Überlebende werden in absehbarer Zeit auch nicht mehr authentisch über ihre Erlebnisse berichten können. Wer soll dann Zeugnis geben?

Dann sind *wir* gefordert, die zweite Generation. Wir sind ja auch Zeugen. Auch wenn wir die Dinge nicht unmittelbar erlebt haben, haben wir doch die Traumatisierung unserer Eltern mitbekommen, die Ängste und Albträume, die Verwundungen der Seele.

Wenn die Erlebnisgeneration abgetreten ist, sind wir es, die die Gefühle vermitteln müssen. Wir müssen erzählen, wie wir mit dem Schmerz unserer Eltern aufgewachsen sind. Aber eine moderne Erinnerungsarbeit ist auch Aufgabe der ganzen Gesellschaft: Daher meine ich ja, dass die Besuche etwa von Gedenkstätten oder Konzentrationslagern zum Schulprogramm gehören sollten, weil sie junge Menschen gegen die Gefahr von Rassismus immunisieren können.

Sie hatten an anderer Stelle erwähnt, dass Ignatz Bubis sich für jeden Zeit nahm, der sich mit ihm unterhalten wollte oder der ein Anliegen hatte.

Ja, das erlebte ich vor allem, als ich in der Synagoge neben ihm saß. Je prominenter er wurde, desto mehr Menschen kamen zu ihm, manchmal ließ man ihm fast sogar kaum Zeit zu beten. Man kam mit vernünftigen, manchmal aber auch mit weniger vernünftigen Anliegen zu ihm, er hat sich alles immer angehört. Ich habe nicht ein einziges Mal von ihm gehört »Es geht jetzt nicht«, »Ich habe keine Zeit«. Manchmal sagte er: »Da kann ich nicht helfen.« Aber viel öfter sagte er: »Ich versuche Ihnen zu helfen.« Was er dann auch sehr häufig gemacht hat. Er, der in den letzten Jahren seines Lebens zu den berühmtesten Politikern Kontakte hatte, der in allen Zeitungen stand, er hatte sich ein Gefühl dafür bewahrt, dass sein ganzes Engagement letztlich doch dem Einzelnen galt. Er wollte nicht gleich der Menschheit helfen, sondern den Menschen. Ich kenne sehr viele Fälle, in denen es ihm gelang zu helfen.

Wie verhielt er sich bei den Verrückten oder den Querulanten, die ja auch immer kommen, wenn sie jemanden aus dem Fernsehen kennen?

Ich erinnere mich an einen Fall, als bei einer Veranstaltung jemand mit einem vollkommenen Quatsch zu ihm kam. Da holte Bubis einen Zettel aus der Tasche, bat mich um einen Kuli und machte sich eifrig und sehr penibel Notizen. Als der Mann mit seiner unsinnigen Forderung gegangen war, fragte ich: »Und was machst du jetzt mit dem Zettel?« Er sagte: »Den werfe ich ganz schnell weg, sobald ich diesen Raum verlassen habe.« Aber er hatte dem Mann ganz geduldig und respektvoll zugehört.

Bubis galt auch als großer Witzeerzähler.

Richtig, und er hatte die Gabe der Situationskomik, mit der er manche heikle Situation entschärfte. Eine seiner Stärken lag ja eben darin, dass er sehr schnell einen Draht zu anderen fand.

War er eigentlich konfliktfähig?

Er war bestimmt niemand, der Konflikte gesucht hätte, ganz im Gegenteil. Wenn es mal in unserer eigenen Gruppe in Frankfurt Streit gab, war ihm das sichtlich unangenehm. Obwohl er doch die unbestrittene Nummer eins war, ließ er die Konflikte lieber von Dritten lösen. Aber wenn es um große Konflikte ging, dann hat er gekämpft.

Die Fassbinder-Affäre bewirkte auch für ihn einen Wandel?

Sicher. Er war zuvor ja öffentlich nicht groß in Erscheinung getreten. Schon gar nicht gegen eine etablierte Schicht der Mehrheitsgesellschaft. Er war damals in der Außendarstellung auch bei weitem noch nicht so geschickt wie später. Nein, dieser Konflikt stellte ihn vor eine ganz neue Situation. Dass wir diesen Konflikt – am Ende erfolgreich – durchgestanden haben, hat viele verändert. Auch mich, aber ganz sicher Ignatz Bubis. Es hat ihm die Erkenntnis vermittelt: Wenn man etwas will, muss man sich trauen. Wir Juden dürfen uns nicht verstecken. Diese Erkenntnis hat er später als Zentralratspräsident mutig und konsequent umgesetzt.

Hat er seinen Erfolg, der sich in einer hohen Anerkennung ausdrückte – er wurde ja sogar als Kandidat für das Amt des Bundespräsidenten gehandelt –, eigentlich genossen?

Ja, auch das. Das war ja nur menschlich. Aber sein Ansehen hatte er sich ja auch wirklich verdient. Ich glaube, man macht sich heute gar nicht mehr bewusst, welche Stimmung zu Beginn der neunziger Jahre in Deutschland herrschte. Als 1991 in Hoyerswerda ein Flüchtlingswohnheim angegriffen wurde, als 1992 in Rostock-Lichtenhagen Randalierer vor applaudierenden Zuschauern die Aufnahmestelle von Asylbewerbern angriffen. Bubis ist dort hingefahren. Er ist in die Talkshows gegangen. Er hat dafür gekämpft, dass man Menschen nicht ausgrenzen darf. Er war der Einzige aus dem öffentlichen Leben, er war ja kein professioneller Politiker, der sich dort blicken ließ. Er hat, glaube ich, mit seinem Einsatz ganz wesentlich dazu beigetragen, dass sich diese dumpf-aggressive Stimmung der Fremdenfeindlichkeit in Deutschland damals gerade nicht breitgemacht hat.

War dieser Weg in der jüdischen Gemeinschaft unumstritten?

Keineswegs. Es gab gar nicht so wenige, die sagten: »Was kümmert er sich um andere? Er soll sich doch um uns Juden kümmern. Die anderen kümmern sich doch auch nicht um uns.« Aber Bubis ließ sich nicht beirren. Auch ich spürte sofort: Er macht das richtig. Und es bewog mich später auch sehr, selbst in die jüdische Politik zu gehen. Denn: Wir haben als Juden, was Ausgrenzung angeht, doch eine ganz besondere Erfahrung machen müssen. Darum ist es nur richtig, dass wir uns heute auch für andere einsetzen, die ausgegrenzt werden. In Deutschland genießen wir Juden nun einmal eine besondere Aufmerksamkeit und Glaubwürdigkeit. Nirgendwo hört man in diesen Fragen auf die jüdische Gemeinschaft so aufmerksam wie in Deutschland. Und das muss man auch im Sinne anderer Menschen nutzen, um ihnen zu helfen und beizustehen.

Ich weiß gar nicht, ob Ignatz Bubis diese Haltung bis ins Letzte genau so reflektiert hat. Aber er spürte das Richtige und handelte instinktiv genau richtig. Seit damals verfolgt der Zentralrat – das hatte er vorher so nicht gemacht – diese Linie: Wir setzen uns generell für Menschlichkeit und Toleranz ein und kämpfen gegen die Ausgrenzung von Menschen, wo immer sie geschieht.

Sarrazin vertrat die fast schon verrückte These, Juden seien besonders intelligent.

Sie führen diese Linie fort.

Ja, absolut. Und mit großer Überzeugung. Wer war denn der Erste, der sich seinerzeit gegen Sarrazin zu Wort meldete? Wir. In diesem Fall: ich selbst. Obwohl seine Thesen überhaupt nichts mit Juden zu tun hatten. Sarrazin vertrat sogar die fast schon verrückte These, Juden seien besonders intelligent. Aber wenn Muslime so respektlos behandelt werden wie von Sarrazin, dann melden wir uns zu Wort. Unsere Haltung, uns generell für Menschenrechte einzusetzen, ist bis heute für mich persönlich elementar und emotional ganz wichtig. Bubis hat das vorgegeben, wir folgen ihm hier. Und ich hoffe sehr, dass die, die mir einmal folgen, es dann auch genau so machen werden.

Bubis schreibt in seinem Erinnerungsbuch: »Ich wollte nicht nur unter meinesgleichen leben.« Gilt das für Sie auch?

Mein Freundeskreis besteht überwiegend aus Juden, aber eben nicht nur. Es ist nicht so, dass ich das bewusst ausgewählt hätte, aber es hat sich so entwickelt. Auch bei Bubis würde ich vermuten, dass ein Großteil seiner Freunde jüdisch war.

Gibt es in einer Stadt wie Frankfurt eine Jewish Community, die nicht identisch ist mit der Jüdischen Gemeinde?

Die allermeisten Juden hier in Frankfurt sind schon Mitglied in unserer Gemeinde. In Berlin ist das im Moment wohl zum Teil anders, weil es dort offenbar eine sehr große Zahl von Israelis gibt, man spricht von vielleicht sogar über 20.000 jungen Menschen, die nicht in der Gemeinde sind. Ganz offensichtlich übt Berlin auf junge Israelis eine ganz besondere Faszination aus – das spürt man auch immer wieder, wenn man in Israel ist. Wer hätte das je gedacht?

Stimmt es, dass Ignatz Bubis ein Lieblingsthema hatte, nämlich die Frage, wie man abnimmt?

Er hatte viele Lieblingsthemen, aber diese Frage hat ihn in der Tat auch oft beschäftigt. Ich weiß, dass er einmal zeitweise sogar mehrmals in Israel zu einem Hypnotiseur gegangen ist. Und das hat dann sogar ein paar Wochen gewirkt. Aber doch nicht langfristig, denn er war ausgesprochen lebenslustig und hat sehr gern gegessen.

Was waren seine anderen Lieblingsthemen?

Vor allem die Politik. Politik hat ihn in jeder Facette fasziniert. Er konnte Ihnen über alle Belange der Weltpolitik kluge und kenntnisreiche Vorträge halten. Er konnte Politik lesen, er konnte im Stegreif politische Prozesse erklären und deuten – das war sein überragendes Thema.

War er eigentlich autoritär in seinem Führungsstil?

Nein, aber doch patriarchalisch. Und es war auch alles auf ihn zugeschnitten. Im Sommer 1999, als er schon sehr krank war, rief ich ihn an. Das muss zwei Tage gewesen sein, bevor er ins Krankenhaus kam und er ins Koma fiel, aus dem er dann nicht mehr erwachte. Ich bekam einen Schrecken, weil seine Stimme nun plötzlich sehr schwach war, ganz anders als in den Wochen davor. Ich sagte ihm sinngemäß, er müsse durchhalten. Und da sagte er zum ersten Mal, es sei nicht gut, wenn alles immer auf eine Person konzentriert sei. »Ihr werdet einmal ohne mich weitermachen müssen.« Er hatte vorher nie darüber gesprochen, dass alles auf ihn konzentriert sei. Dieses Gespräch war im Grunde ein Abschied. Das habe ich aber erst später verstanden.

Hatte Ignatz Bubis, obwohl er unbestritten die Nummer eins war, für Nachfolger gesorgt?

Ja, er hatte, ob bewusst oder unbewusst, zielstrebig lauter Menschen um sich geschart, die deutlich jünger waren als er. Bubis war Jahrgang 1927, Salomon Korn wurde 1943, Hermann Alter 1948, ich selbst 1950, Leo Latasch 1952 und Michel Friedman 1956 geboren. Auf diese Weise hat er faktisch jüngere Nachfolger aufgebaut, die später in der jüdischen Gemeinschaft eine Rolle spielen konnten.

Wäre die FDP ohne Bubis als Spitzenkandidat 1997 in das Frankfurter Stadtparlament gewählt worden?

Mit hoher Wahrscheinlichkeit nicht. Sechzehn Jahre lang war die FDP nicht in die Stadtverordnetenversammlung gewählt worden, aber als Bubis auf den Wahlplakaten hing, überwand die FDP die damalige Fünf-Prozent-Hürde.

Wissen und Glauben sind die portativen Tempel der Juden.

Übrigens hing ja die ganze Stadt voller Plakate mit seinem Konterfei. Und soweit ich weiß, ist nicht ein einziges Plakat auf naheliegende Weise verschandelt worden. Das war für mich ein Zeichen dafür, welch ein Ansehen er in der Bevölkerung hatte. Man muss aber auch eins sagen: Ignatz Bubis hatte zu Lebzeiten einen wirklich sagenhaften Ruhm in ganz Deutschland. Freilich habe ich inzwischen nun auch gesehen, wie vergänglich leider der Ruhm der Welt auch hier in diesem Fall ist: Im Jahr 2009 machte das Jüdische Museum in Frankfurt zehn Jahre nach seinem Tod eine Ausstellung über ihn. In der Jüdischen Gemeinde machten wir parallel dazu eine Veranstaltung im Großen Saal, der bei dieser Gelegenheit geradezu peinlich unbesetzt war. Das machte mich traurig und tat mir weh.

Zum Schluss müssen wir auf etwas zurückkommen, das Sie gerade en passant fallen ließen. Sie sagten, Thilo Sarrazin habe die dumme Behauptung aufgestellt,

Juden seien intelligenter als andere Menschen. Das hätten wir aber auch sagen können. Sie brauchen doch nur an die überproportional hohe Zahl jüdischer Nobelpreisträger zu denken, oder?

Vielleicht müssen Sie unterscheiden zwischen intelligent und bildungshungrig. Eines ist nämlich ganz klar: Juden sind keineswegs generell intelligenter als andere Menschen, ich kann Sie sehr gern mit ein paar entsprechenden Exemplaren bekannt machen. Aber Wissen und Bildung haben im Judentum nun doch einen herausragenden Rang. Man kann schon sagen: Lebenslanges Lernen, wir Juden haben's erfunden!

Wie mag das kommen?

Das kommt nicht von ungefähr, sondern hängt auch mit dem Verlust nationaler Heimat zusammen. An die Stelle der verlorenen Heimat haben die Juden damals den Glauben, das Wissen und die Bildung gesetzt. Die Hohen Priester aus dem Tempel von damals wurden ersetzt durch die Schriftgelehrten, durch diejenigen, die am meisten wussten. Dieser besondere Rang des Wissens wurde im Judentum über die Jahrtausende hinweg vererbt. Darum standen im Judentum immer die Gelehrten im Ansehen am höchsten, nicht etwa die Reichsten, Schönsten oder Mächtigsten. Dieses jüdische Erbe ist über hundert Generationen weitergetragen worden. Insofern sind Wissen und Glauben die portativen Tempel der Juden. Man konnte sie auch überallhin mitnehmen – und keiner konnte sie uns Juden jemals nehmen. Wenn also Juden überproportional viele Nobelpreise bekommen haben und sogar auch bis heute bekommen, dann liegt das an dieser besonderen Tradition, die das Wissen so hochhält, an der jüdischen Liebe, ja: an der jüdischen Leidenschaft fürs Lernen. Hundert Generationen Bildungsbeflissenheit kriegt man nun einmal nicht so schnell weg. Zum Glück eigentlich.

12 Ironie der Geschichte

Was hat Sie überhaupt motiviert, sich der Aufgabe im Zentralrat zu stellen?

Es ist ja immer schwierig, in sich hineinzuhorchen. Vieles geschieht mehr aus dem Instinkt heraus als vom Intellekt her. Bei mir war es sicher auch das Gefühl: Ich bin in Vielem so privilegiert, dass ich die Verpflichtung verspürte, auch etwas zurückzugeben. Und dann denke ich, dass gerade wir Juden die Aufgabe haben, uns gegen die Ausgrenzung von Menschen immerzu einzusetzen – weil wir dafür zwangsläufig eine besondere Sensibilität haben. Wir setzen uns gewiss ein für unsere Menschen mit ganzem Herzen: Aber wir sind eben doch kein bloßer »Lobby-Verband« für jüdische Menschen. Vielmehr engagieren wir uns immer, wenn Menschen drangsaliert und entrechtet werden. Das ist für mich der eigentliche moralische und politische Markenkern des Zentralrats der Juden. Und dann ist es das starke Gefühl, dazu beitragen zu wollen, der jüdischen Gemeinschaft hier, und eben gerade hier in Deutschland, allen Lasten der Vergangenheit zum Trotz, eine neue, eine moderne, eine frische und sogar auch eine positive Perspektive zu verschaffen. Das wünsche ich mir: Das ist mein Plan und Programm, meine Ambition. Ich hoffe, dass es gelungen ist, hier gemeinsam ein Stück voranzukommen.
Und dass ausgerechnet mir, den die Eltern durch den skurrilen Namenswechsel – » von David zu Dieter« – seinerzeit doch als Juden gar nicht mehr erkennbar machen wollten, diese Rolle zugefallen ist, das ist tatsächlich mehr als kurios und eine ganz besondere Ironie der Geschichte. Wer weiß – vielleicht sogar ein wenig Schicksal?